UMA CARTA
DE BEZERRA DE MENEZES

Bezerra de Menezes

Esta carta foi publicada, pela primeira vez, com o título *Valioso autógrafo*, em *Reformador*, de 3 de outubro de 1920 a 1º de maio de 1921, do nº 19 do ano 38 ao nº 9 do ano 39; pela segunda, em livro, em 1921, com o título *A Doutrina Espírita como filosofia teogônica*; pela terceira, também em livro, em 1946, com o título *Uma carta de Bezerra de Menezes*, com nove edições até 2014.

UMA CARTA
DE BEZERRA DE MENEZES

A DOUTRINA ESPÍRITA COMO FILOSOFIA TEOGÔNICA

Edição anotada
Obra acompanhada de Cosmogonia espírita

Discurso de Bezerra de Menezes
sobre sua conversão ao Espiritismo

Copyright © 2009 *by*
FEDERAÇÃO ESPÍRITA BRASILEIRA – FEB

9ª edição – Impressão pequenas tiragens – 4/2025

ISBN 978-85-7328-954-1

Todos os direitos reservados. Nenhuma parte desta publicação pode ser reproduzida, armazenada ou transmitida, total ou parcialmente, por quaisquer métodos ou processos, sem autorização do detentor do *copyright*.

FEDERAÇÃO ESPÍRITA BRASILEIRA – FEB
SGAN 603 – Conjunto F – Avenida L2 Norte
70830-106 – Brasília (DF) – Brasil
www.febeditora.com.br
editorial@febnet.org.br
+55 61 2101 6161

Pedidos de livros à FEB
Comercial
Tel.: (61) 2101 6161 – comercial@febnet.org.br

Adquirindo esta obra, você está colaborando com as ações de assistência e promoção social da FEB e com o Movimento Espírita na divulgação do Evangelho de Jesus à luz do Espiritismo.

Dados Internacionais de Catalogação na Publicação (CIP)
(Federação Espírita Brasileira – Biblioteca de Obras Raras)

M543c	Menezes, Adolfo Bezerra de, 1831–1900.
	Uma carta de Bezerra de Menezes: A Doutrina Espírita como filosofia teogônica: edição anotada / Adolfo Bezerra de Menezes; organização de Geraldo Campetti Sobrinho. – 9ª. ed. – Impressão pequenas tiragens – Brasília: FEB, 2025.
	176 p.; 21 cm – (Coleção Bezerra de Menezes).
	Obra acompanhada de Cosmogonia espírita.
	Discurso de Bezerra de Menezes sobre sua conversão ao Espiritismo.
	ISBN 978-85-7328-954-1
	1. Espiritismo. I. Campetti Sobrinho, Geraldo (Org.), 1966–. II. Federação Espírita Brasileira. III. Título. IV. Coleção.
	CDD 133.9
	CDU 133.7
	CDE 10.00.00

Coleção Bezerra de Menezes

1 *Evangelho do futuro* • ROMANCE
2 *A casa assombrada* • ROMANCE
3 *Lázaro, o leproso* • ROMANCE
4 *A pérola negra* • ROMANCE
5 *História de um sonho* • ROMANCE
6 *Casamento e mortalha* • ROMANCE INACABADO
7 *Os carneiros de Panúrgio* • ROMANCE
8 *Uma carta de Bezerra de Menezes* • ESTUDO
9 *A loucura sob novo prisma* • ESTUDO
10 *Espiritismo: estudos filosóficos*, 3 volumes • ESTUDO[1]
11 *Viagem através dos séculos ou fases da vida humana* • ROMANCE
12 *Libânio, o louco* • ROMANCE
13 *Os mortos que vivem* • ROMANCE
14 *Segredos da natura* • ROMANCE
15 *O banido* • ROMANCE

SUPERVISÃO: Jorge Brito
NOTAS E CORREÇÕES: Renato Cunha

COLABORADORES
Ariane Emílio Kloth
Beatriz Lopes de Andrade
Délio Nunes dos Santos
Luciana Araújo Reis
Marta Dolabela de Lima
Odélia França Noleto
Raphael Spode
Rubem Amaral Júnior
Wilde Batista Valério

---

[1] N.E.: Esta edição terá 168 novos estudos, localizados na Biblioteca da FEB e em jornais da época, não incluídos na edição da FEB de 1907, totalizando 484 estudos.

SUMÁRIO

Prefácio à publicação em *Reformador* – Valioso autógrafo 9

Prefácio à edição de *Uma carta de Bezerra de Menezes* – Explicação necessária 11

Posfácio à publicação em *Reformador* – Valioso autógrafo 13

Aviso de publicação – Valioso autógrafo 15

A Doutrina Espírita como filosofia teogônica 17

    Origem 26

    Razão de ser do Espiritismo 93

    Modo de ensino do Espiritismo 111

    Princípios fundamentais do Espiritismo 124

Remissão a notas de termos e expressões recorrentes 135

Nota em *Reformador* 137

Cosmogonia espírita 139

Apontamentos biobibliográficos – Adolfo Bezerra de Menezes 161

Bibliografia – Ordem cronológica crescente 167

PREFÁCIO À PUBLICAÇÃO EM
REFORMADOR

VALIOSO AUTÓGRAFO[2]

Em número anterior, nos referimos a uma carta do nosso querido Bezerra de Menezes, datada de 1886, a um seu irmão[3] residente, então, na capital do Ceará, carta que foi cedida por Juvenal Galeno[4] ao nosso companheiro M. Quintão,[5] quando ali esteve recentemente.[6] Parece que também dissemos constituir tal documento verdadeira preciosidade para as letras espiritistas, pois fato é que, se carta se pode denominar pela familiaridade e singeleza do estilo em que foi versada, não deixa, por isso, de ferir,[7] com a maior nitidez e elevação de vistas, os mais delicados e transcendentes aspectos doutrinários. O apóstolo ímpar do Espiritismo evangélico no Brasil; o missionário inconteste que soube, da

---

[2] Ano 38, nº 18, 16 set. 1920, coluna "Ecos e Fatos", p. 372.

[3] Manoel Soares da Silva Bezerra (1810–1888).

[4] Juvenal Galeno da Costa e Silva (1836–1931), poeta cearense considerado um dos maiores expoentes da poesia popular brasileira.

[5] Manuel Justiniano de Freitas Quintão (1874–1955), jornalista e escritor fluminense. Foi presidente da Federação Espírita Brasileira em 1915, 1918, 1919 e 1929.

[6] No início de 1920.

[7] Usado aqui com o sentido de "abordar".

primeira hora, abranger numa síntese admirável o desdobramento da Nova Revelação para o futuro da humanidade; o discípulo de Jesus que deu a esta casa, como homem, todo o condão da sua bondade e alto saber e, ainda hoje, como desencarnado, é um dos guias mais estrênuos — Bezerra de Menezes, enfim, vazou, naquelas cento e tantas tiras de almaço, em miúda caligrafia, uma verdadeira "profissão de fé espiritista" em cerrada argumentação de confronto com a dogmática do Catolicismo fervorosamente partilhado por seu irmão pela carne, que não, ao tempo, pelas ideias.

E dizemos "ao tempo" por nos informarem que ele, o irmão, precedendo o seu antagonista na vida espiritual, veio presto, em memorável sessão do Grupo Ismael,[8] trazer-lhe a homenagem da sua retratação.

Era e é intuito do nosso companheiro Quintão propugnar a publicidade, em livro, do valioso trabalho, mas, afigurando-se-lhe, como a nós mesmos, demorado o tentâmen, resolveu dá-lo à publicidade em nossas colunas, que são, de resto, do mesmo Bezerra como fundador e o mais fulgurante redator desta publicação.

Assim, pois, no próximo número encetaremos a publicação e, sem mais referências nem apologias que o nome do autor dispensa, damo-nos e damos parabéns aos nossos leitores.

---

[8] Grupo de Estudos Evangélicos do Anjo Ismael, que teve origem nos mais antigos grupos de estudos e práticas espíritas do Rio de Janeiro, como o Grupo Confúcio (1873) e a Sociedade de Estudos Espíritas Deus, Cristo e Caridade (1876). Em 1880, Antonio Luiz Sayão, com Bittencourt Sampaio e outros, funda o Grupo dos Humildes, mais conhecido como Grupo do Sayão, que, em 1884, passou a se chamar Grupo Ismael, ao ser incorporado a recém-fundada Federação Espírita Brasileira. Em atividade até hoje, sua história pode ser lida em *Reformador* (ano 91, nº 8, ago. 1973, p. 227 e segs.).

PREFÁCIO À EDIÇÃO DE
UMA CARTA DE BEZERRA DE MENEZES

Explicação necessária

Com os títulos e subtítulos sobre que naturalmente já o leitor demorou o seu olhar ao atentar na capa e na folha de rosto deste volume, o que nestas páginas se lhe oferece é o mesmo primoroso trabalho com que, com a epígrafe de "Valioso autógrafo", *Reformador* abrilhantou e enriqueceu suas colunas em 15 números sucessivos.

De mudado, pois, aqui só há o título que, apropriado à publicação feita no órgão da Federação, não mais quadraria ao trabalho doutrinário em questão, desde que apresentado sob a forma de livro.

Acompanhando esta explicação, destinada a evitar qualquer suposição errônea ou equívoca da parte dos que adquiram o presente opúsculo, justo é se insira neste lugar o que *Reformador* publicou, assinalando o valor excepcional do escrito cuja divulgação ia fazer e fez.

> Trata-se, disse, ao referir-se pela primeira vez à dádiva que a Federação recebera do venerando confrade que se chama Juvenal Galeno, trata-se de uma carta escrita pelo apóstolo brasileiro a um seu irmão germano que, naquela época [1886], lhe exprobrava o haver abraçado o Espiritismo, como réu de apostasia. Nessa carta, que é antes tese doutrinária de grande relevo, desenvolvida naquele estilo blandicioso, de arminho,

que lhe caracteriza a individualidade inconfundível, o autor dos Estudos de Max vazou a sua alma de crente e, pondo em confronto o Cristianismo e o Catolicismo, traçou páginas edificantes de filosofia religiosa.

Algum tempo depois, noticiando que em o número seguinte começaria a publicação, disse ainda *Reformador*:

Se carta se pode denominar [o escrito a que aludia] pela familiaridade e singeleza do estilo em que foi versada não deixa, por isso, de ferir, com a maior nitidez e elevação de vistas, os mais delicados e transcendentes aspectos doutrinários. O apóstolo ímpar do Espiritismo evangélico no Brasil; o missionário inconteste que soube, da primeira hora, abranger numa síntese admirável o desenvolvimento da Nova Revelação para o futuro da humanidade; o discípulo de Jesus que deu a esta casa [a Federação], como homem, todo o condão da sua bondade e alto saber e, ainda hoje, como desencarnado, é um de seus guias mais estrênuos — Bezerra de Menezes, enfim, vazou, naquelas cento e tantas tiras de almaço, em miúda caligrafia, uma verdadeira "profissão de fé espiritista", em cerrada argumentação de confronto com a dogmática do Catolicismo, fervorosamente partilhado por seu irmão pela carne, que não, ao tempo, pelas ideias.

Finalmente, quando noticiou que chegara ao termo da publicação, inseriu estas linhas:

Traçadas sem o pensamento de que viessem a ver a luz da publicidade, o que ainda mais lhes realça o valor intrínseco, as sapientíssimas páginas [as que acabavam de ser publicadas] teriam ficado talvez para sempre ignoradas, se não fora a generosa oferta de Juvenal Galeno. Uma vez, porém, que tal não aconteceu, graças ao munificente gesto desse bondoso octogenário de espírito juvenil, não é justo que, por nossa vez, as deixemos esquecidas no corpo de uma revista que nem todos colecionam e onde a leitura de um trabalho longo é sempre fastidiosa.

POSFÁCIO À PUBLICAÇÃO
EM *REFORMADOR*

VALIOSO AUTÓGRAFO[9]

Concluímos hoje a publicação do admirável e precioso escrito, com que de há meses, sem interrupção, nos foi dado tornar verdadeiramente primorosas algumas das páginas de *Reformador*, devido à pena desse sábio mestre, que foi e é Bezerra de Menezes, Espírito de tanta grandeza e elevação que a profundeza e superioridade dos ensinos que prodigalizou como homem, quando entre os homens se achava, rivalizam com os que, não menos prodigamente, ministra aos seus irmão da Terra, desde o momento em que volveu a ocupar no Além o alto plano que lhe competia na escala espiritual.

Um decerto não haverá de quantos hajam perlustrado essas páginas luminosas, ora tornadas públicas, que não reconheça nenhum exagero ter havido nas palavras com que encomiamos,[10] ao anunciarmos a sua inserção em as nossas colunas, a preciosidade do autógrafo trazido da sua penúltima viagem ao Norte, pelo querido companheiro Manuel Quintão, que, como dádiva destinada à Federação, o recebeu de Juvenal Galeno, o ancião venerando, conhecido dos nossos leitores, que o guardava como sagrada relíquia, e a quem,

---

[9] Ano 39, nº 9, 1º maio 1921, coluna "Ecos e Fatos", p. 204-205.
[10] N.E.: Encomiar, o mesmo que louvar, elogiar.

não obstante já o ter feito Quintão, daqui apresentamos vivíssimos agradecimentos pelo presente mais que régio.

Traçadas sem o pensamento de que viessem a ver a luz da publicidade, o que ainda mais lhes realça o valor intrínseco, as sapientíssimas páginas a que nos referimos teriam ficado talvez para sempre ignoradas, se não fora a generosa oferta de Juvenal Galeno. Uma vez, porém, que tal não aconteceu, graças ao munificente gesto desse bondoso octogenário de espírito juvenil, não é justo que, por nossa vez, as deixemos esquecidas no corpo de uma revista que nem todos colecionam e onde a leitura de um trabalho longo é sempre fastidiosa.

Por essas razões e também para que da sua leitura não fiquem privados os que não recebam *Reformador*, vamos imprimi-las em folhetos, que breve estarão à venda pelo preço de alguns níqueis apenas.

O produto dessa venda será integralmente levado à Caixa de Propaganda, que a Federação recentemente instituiu, e servirá desse modo para que ela, multiplicando os benefícios que proporciona o conhecimento do "Valioso autógrafo", multiplique a impressão de outros trabalhos, cuja distribuição gratuita seja de utilidade fazer-se. Assim, os lucros de tal venda não os auferirá ela, a Federação, mas aqueles a quem aproveitem as novas publicações que venham a ser feitas.

Estamos certos de que esse procedimento merecerá, pelo móvel que o inspira, a aprovação do caridoso Espírito que, não tendo conseguido convencer da verdade o irmão a quem escreveu a longa carta que tornamos conhecida, a muitos dos que agora a lerem convencerá.[11]

---

[11] Embora se fale aqui de Manoel Soares da Silva Bezerra em vida, observe-se que, no antepenúltimo parágrafo do *Prefácio à publicação em Reformador*, há uma referência à sua retratação, por prática mediúnica, ocorrida no Grupo Ismael, logo após sua desencarnação.

AVISO DE PUBLICAÇÃO

Valioso autógrafo[12]

Conforme prometemos, já se acha impressa em volume posto à venda na Livraria da Federação, com o título, que melhor lhe cabia em livro, de *A Doutrina Espírita como filosofia teogônica*, a primorosa e preciosa carta que Bezerra de Menezes escreveu em 1886 a um seu irmão e que, doada em original à Federação por Juvenal Galeno, *Reformador* publicou sob a epígrafe de "Valioso autógrafo".

Dada agora à publicidade debaixo de uma forma que lhe facilita e torna mais agradável a leitura, estamos certos de que essa obra vai circular amplamente pelas mãos de todos os crentes na Doutrina dos Espíritos. Auguramos isso por ser uma obra que, em todos os que lhe percorrem as páginas, deixa vivo o desejo de relê-la e de cujo conhecimento nenhum espírita, desejoso de aprofundar-se no Espiritismo, deverá prescindir. É que, efetivamente, nela, o grande apóstolo da Terceira Revelação no Brasil, com o poder de síntese que o distinguia como pensador e escritor, numa linguagem correntia, clara, agradável e ao alcance de toda compreensão, lhe estuda a origem, a razão de ser, o modo de ensino e os princípios fundamentais.

---

[12] Ano 39, nº 22, 16 nov. 1921, coluna "Ecos e Fatos", p. 463.

E a cada passo, pode-se assim dizer, desse estudo magistral, aquele inesquecível mestre, pois que respondia a objeções de um católico romano, torna patente de quanto a Doutrina Espírita, como filosofia teogônica, sobreleva à teogonia católica, mostrando que, enquanto esta rebaixa a majestade, a grandeza de Deus, [...] aquela as exalta e glorifica.

Como em tempo dissemos, o produto da venda desse magnífico trabalho, que custa 1$500[13] em brochura e 2$500[14] encadernado, reverterá integralmente para a Caixa de Propaganda, que a diretoria da Federação instituiu a fim de custear publicações destinadas a distribuição gratuita.

Esta circunstância, pensamos, concorrerá também para determinar uma larga procura do volume a que nos estamos referindo e que, a lhe argumentar o valor extrínseco, traz, logo após a folha de rosto, em esplêndida gravura, um excelente retrato de Bezerra de Menezes.

---

[13] Um mil e quinhentos réis.
[14] Dois mil e quinhentos réis.

A DOUTRINA ESPÍRITA COMO FILOSOFIA TEOGÔNICA

Meu caro irmão e amigo Soares,[15] Recebi sua prezada carta em que derrama suas lágrimas de pesar pelo mau caminho que leva minha alma, afastando-se da educação religiosa que recebi com o leite — e abraçando ideias falsas, politeicas e demoníacas, quais as que ensina o Espiritismo.

Vejo, na veemência com que você ataca a Doutrina Espírita, dois elevados sentimentos, que não posso deixar de tomar na mais séria consideração. O primeiro é o fervor com que você abraça as puras verdades da divina revelação feita à humanidade pelo Santo dos Santos. O segundo é o amor, que deve ligar todas as ovelhas do rebanho do Senhor — e que você manifesta a meu respeito, com a dedicação especial da fraternidade pelo sangue.

Fujo de discutir crenças religiosas, porque respeito as de todo o mundo, convencido da verdade de que "muitos caminhos conduzem à casa do Pai".[16] Aqueles dois motivos,

---

[15] Manoel Soares da Silva Bezerra (1810–1888), irmão mais velho de Bezerra de Menezes, foi seu professor de Filosofia e Geometria no Liceu do Ceará, em Fortaleza. Formou-se bacharel em Ciências Jurídicas e Sociais pela Academia de Olinda, em 1836.

[16] Note-se que esta afirmação, conforme se verá ao longo desta obra, se refere à diversidade de religiões que professam a fé fundamental em Deus,

porém, me coagem a fazer uma exceção a seu respeito, principalmente o último, que profundamente me comove.

E, para começar, permita-me justificar a citação que fica acima e que parecerá herética a quem entende que "fora da Igreja[17] não há salvação"[18] — e, portanto, que não há senão aquele caminho para a casa do Pai.

O homem vai, na vida, semeando boas e más ações, porque não há um que não pratique de umas e de outras. O maior perverso faz algumas boas. O mais puro espírito tem suas fraquezas. Nem uma ação da criatura humana é esquecida ou desprezada no julgamento de sua vida. Assim, pois, contam-se as boas aos maus, como se contam as más aos bons. Isto é rigorosamente ortodoxo.

Desse postulado resulta: que sofrerá penas a alma que tiver praticado, em vida, mais obras ruins do que boas — e que terá prêmio a que contar mais ações boas do que más. O essencial, para o prêmio e para o castigo, disse-o Jesus à Samaritana,[19]

---

não contrariando, pois, o ensinamento bíblico constante de o *Evangelho segundo João*, no Novo Testamento, no qual Jesus diz a Tomé: "Eu sou o caminho, e a verdade e a vida; ninguém vem ao Pai, senão por mim" (14:6).

[17] A religião católica.

[18] Dogma da Igreja Católica proclamado pelo bispo Cipriano de Cartago (200–258). Em *O evangelho segundo o espiritismo*, no capítulo XV, itens 8 e 9 , com o título "Fora da Igreja não há salvação. Fora da verdade não há salvação", Allan Kardec diz que esses dogmas se equivalem, uma vez que são exclusivos e absolutos, concentrando-se numa fé especial, particular, "Enquanto [...] A máxima — *Fora da caridade não há salvação* — consagra o princípio da igualdade perante Deus e da liberdade de consciência. Tendo-a por norma, todos os homens são irmãos e, qualquer que seja a maneira por que adorem o Criador, eles se estendem as mãos e oram uns pelos outros [...]". (Rio de Janeiro: FEB, 131. ed., 2013. Trad. Guillon Ribeiro.)

[19] Referência à passagem bíblica de o *Evangelho segundo João*, na qual Jesus se encontra com uma mulher samaritana na província de Samaria, no caminho para a Galileia (4:1 a 30).

não é adorar a Deus no monte Garizim,[20] nem em Jerusalém, mas sim adorá-lo em Espírito e Verdade. E João,[21] em Éfeso,[22] quando chegado à extrema velhice, limitava a sua prédica a dizer: "Meus filhinhos, amai-vos uns aos outros".[23] Respondia aos que se queixavam de não lhes dizer senão a mesma coisa todos os dias: que naquilo se encerra todo o preceito do Senhor.

Se a salvação pode ser alcançada, não se adorando a Deus neste ou naquele templo, desta ou daquela forma, mas simplesmente adorando-o em Espírito e Verdade; se adorá-lo em Espírito e Verdade é amá-lo sobre todas as coisas e ao próximo como a si mesmo; se tudo o mais não passa de meios de dispor a alma para chegar ao estado de adorar a Deus em Espírito e Verdade, amando os seus semelhantes;

---

[20] Ou Gerizim, lugar sagrado para os samaritanos, assim como Jerusalém era para os judeus. Foi entre ele e o monte Ebal, em um vale chamado Moré, que Deus apareceu novamente a Abraão e prometeu dar à sua descendência essa terra. Assim, Abrão edificou ali um altar ao Senhor (GÊNESIS, 12:6 e 7), razão pela qual os samaritanos lá construíram um templo, que foi destruído em 128 a.C. por João Hircano, um dos reis macabeus. O monte aparece citado diretamente no texto bíblico em DEUTERONÔMIO, 11:29; 27:12, JOSUÉ, 8:33 e JUÍZES, 9:7.

[21] João Batista (2 a.C.–30 d.C.) — aquele que batizou Jesus nas águas do rio Jordão —, filho do sacerdote Zacarias e de Isabel (LUCAS, 1:13), prima de Maria (LUCAS, 1:36), a mãe de Jesus. (MATEUS, 3:13 a 17, MARCOS, 1:9 a 11, LUCAS, 3:21 e 22 e JOÃO, 1:32 a 34).

[22] Cidade fundada em torno de 1200 a.C. por colonos provenientes principalmente de Atenas. Ciro II a incorporou ao Império Persa em 546 a.C. e Alexandre a libertou em 334 a.C. No final do século I d.C., era a quarta maior do Império Romano, que fez dela o centro administrativo da província da Ásia. Com o surgimento do Cristianismo, tornou-se uma das primeiras cidades alcançadas pela pregação dos apóstolos. Atualmente, pertence à Turquia.

[23] Referência ao mandamento bíblico descrito em JOÃO, 13:34: "Um novo mandamento vos dou: que vos ameis uns aos outros; como eu vos amei a vós, que também vós uns aos outros vos ameis." Consta também de JOÃO, 15:12 a 17, 1 JOÃO, 3:23 e 2 JOÃO, 5.

se o essencial se encerra naqueles simples princípios; é de fé e de razão que o mouro, o judeu, o acatólico, em suma, podem chegar à casa do Pai sem ser pelo caminho da Igreja.

E isso não é uma heresia, porque Melquisedeque[24] foi sagrado sacerdote do Altíssimo, apesar de não seguir a lei que fora dada aos descendentes de Abraão,[25] que era a verdadeira lei.

E isso foi confirmado pelo egrégio Pio IX,[26] na oração[27] que você deve conhecer, em que declara expressamente: que pode salvar-se o próprio selvagem que tiver a intuição da verdade eterna, afeiçoar seu espírito e acomodar suas obras a essa verdade.

---

[24] A *Bíblia* se refere a Melquisedeque como rei de Salém (GÊNESIS, 14:18), tendo sido contemporâneo de Abraão. No Velho Testamento, além do *Gênesis*, consta dos *Salmos* (110:4) e, no Novo Testamento, da *Epístola aos Hebreus*, em que é tratado como um tipo de Cristo: "Porque este Melquisedeque, que era rei de Salém, sacerdote do Deus Altíssimo, e que saiu ao encontro de Abraão quando ele regressava da matança dos reis, e o abençoou; / A quem também Abraão deu o dízimo de tudo, e primeiramente é, por interpretação, rei de justiça, e depois também rei de Salém, que é rei de paz; / Sem pai, sem mãe, sem genealogia, não tendo princípio de dias nem fim de vida, mas sendo feito semelhante ao Filho de Deus, permanece sacerdote para sempre" (HEBREUS, 7:1 a 3).

[25] Abraão, nascido Abrão, há aproximadamente dois mil anos a.C., na cidade de Ur, na antiga Mesopotâmia, entre a Arábia e a Pérsia, foi o primeiro patriarca hebreu. Quando atingiu a idade de 99 anos, Deus apareceu-lhe e mudou seu nome: "E não se chamará mais o teu nome Abrão, mas Abraão será o teu nome; porque por pai de muitas nações te tenho posto" (GN 17:5). Isso porque Abraão significa "pai de muitos"; já Abrão, "pai elevado".

[26] Nascido Giovanni Maria Mastai Ferretti (1792–1878), na Itália, frade dominicano que foi papa por mais de 30 anos, de 1846 até seu falecimento.

[27] Referência ao conjunto das 15 orações propostas por Santa Brígida (1303–1373) que foram encontradas, em 1740, em um livro impresso em Toulouse, na França, e publicado pelo padre Adrien Parvilliers, da Companhia de Jesus. Pio IX as examinou e as aprovou em 30 de maio de 1862, reconhecendo-as como autênticas e de grande proveito para o bem das almas.

Não é, portanto, herético dizer-se que muitos caminhos levam à casa do Pai, assim como já não é lei imprescritível o "fora da Igreja não há salvação".
Isto foi um exórdio.

*
* *

Eu me preocupo sem cessar com o que pode aproveitar[28] à minha alma, considerando esta vida, com todas as glórias que oferece, uma simples parada (pouso) na infinita viagem que temos de fazer em busca da casa do Pai. Creio, portanto, em Deus Padre Todo-Poderoso, Criador do Céu e da Terra — e creio que sou um Espírito por Ele criado para a imortalidade.

Não sou cristão porque meus pais me criaram nessa lei e me batizaram, mas sim porque minha razão e minha consciência, livremente agindo, firmaram minha fé nessa doutrina sublime, que, única na Terra, eleva o homem, em espírito, acima da sua condição carnal — e que por si mesma se revela obra de infinita sabedoria, à que o homem jamais poderá chegar.

Tendo diante dos olhos de minha alma o código sagrado da revelação messiânica, procuro sem descanso arrancar de mim os maus instintos naturais e substituí-los pelas virtudes cristãs. Tenho fé, tenho esperança e, quanto à caridade, procuro tê-la o mais que me é possível, na medida do ensino de Paulo.[29] Não guardo ódio e perdôo as injúrias, evito fazer mal e procuro fazer bem aos próprios que me odeiam.

---

[28] Termo usado aqui no sentido de "ser proveitoso, útil".
[29] Paulo de Tarso (c. 10–67), ou Saulo, cognominado o Apóstolo dos gentios, já que foi o enviado para disseminar o Evangelho entre os não judeus. É considerado um dos mais importantes discípulos de Jesus,

Se eu não fosse cristão — e cristão convencido —, pensa você que haveria consideração mundana que me fizesse suportar as calúnias injuriosas[30] de que tenho sido vítima?! Deus sabe quanta energia me tem sido precisa para conter os ímpetos de minha natureza fogosa, nessas dolorosas conjunturas em que me tenho visto. Tenho, porém, sempre vencido, porque o que mais me enleva e arrebata, de tudo o que faz parte do celeste ensino, é o *diligite inimicos vestros et benefacite his qui oderunt vos*[31] — é essa fórmula que só Deus podia dar à mais suave e encantadora de todas as virtudes humanas: a filha do Céu, divina caridade. Eu me empenho, portanto, em fazer da minha vida um ato constante de contrição, embora fraqueie nessa resolução.

Que vale mais? Não ir à missa, nem confessar-se e cuidar de corrigir, trabalhando, dia e noite, as ruins inclinações de seu espírito, ou ir todos os dias à missa, confessar-se todas as semanas e deleitar-se em maus pensamentos, e dar largas ao descomedimento da língua, e irritar-se pelas ofensas ao ponto de procurar vingar-se, e pagar mal por mal, e, finalmente, não cuidar de afeiçoar a alma à pura moral de Jesus Cristo?

Não quero dizer que aqueles dois tipos não possam fundir-se, que o que se esforça por varrer da alma os ruins

---

o segundo fundador do Cristianismo. Escreveu inúmeras cartas, mas somente 14 delas, as chamadas Epístolas Paulinas, chegaram até nós. O ensinamento a que Bezerra de Menezes faz referência consta da *Primeira Epístola de Paulo aos Coríntios*, 13:1 a 13

[30] Referência às acusações de favorecimentos políticos que sofrera quando de seu segundo mandato (1878–1885) na Câmara dos Deputados, como representante do Rio de Janeiro. Em 1880, proferiu discurso no plenário rechaçando as falsas denúncias.

[31] Expressão latina que significa "amai a vossos inimigos e fazei bem aos que vos odeiam". Trecho do versículo 45, capítulo 5 de *Mateus*.

sentimentos não possa ir à missa e confessar-se, mas sim que um é essencial e infinitamente superior.

Em relação à missa, recomendada pela Igreja em seus mandamentos, penso que grande é o seu valor como prece erguida pelos filhos ao Pai. E nunca em minha vida manifestei desprezo por esse gênero de preces, que respeito e acato. Entendo, porém, que, prece por prece, mais vale a que recomendou Jesus no Sermão da Montanha,[32] do que a que a Igreja recomenda. Sabe você que o divino Mestre disse ali: "Quando orardes, retirai-vos ao vosso quarto, fechai a porta e rezai em segredo."[33]

A oração em segredo tem dois grandes merecimentos sobre a pública. O primeiro é que fica escoimada de hipocrisia, que não poucas vezes eiva as que são feitas em público. O segundo é que a alma se isola mais facilmente do mundo e se concentra de modo a quase poder conversar com Deus. Na Igreja há tantas coisas que nos privam de tão profícua concentração!

É verdade que a missa é a representação do sacrifício do Cordeiro Imaculado[34] e tem por isso grande merecimento, mas, desde que oramos como Ele próprio recomendou, temos feito a mais meritória oração. Não tenho remorso de não ir à missa, desde que oro em meu quarto, a portas fechadas, como me mandou orar o divino Jesus. Demais, o essencial não é a forma, é o fundo; não é o meio, é o fim. E o fundo e o fim são a

---

[32] Também conhecido como Sermão do Monte ou Sermão das Bem-aventuranças, foi pronunciado por Jesus no sopé de um monte em Cafarnaum, cidade da antiga Galileia. Constante do *Evangelho segundo Mateus*, 5 a 7, no Novo Testamento, traz as leis morais que regem a humanidade. Disse Mahatma Gandhi (1869–1948) que, se toda a literatura ocidental se perdesse e apenas o Sermão da Montanha restasse, nada se teria perdido.

[33] Em MATEUS, 6:6.

[34] Expressão que aparece na *Primeira Epístola de Pedro*, 1:19, para tecer uma comparação com o sangue de Cristo.

purificação da alma. Entretanto, repito, nunca disse que a missa não tem grande valor, nem deixei de ir a ela propositalmente.

A confissão, também recomendada pela Igreja, é inquestionavelmente um valioso meio de purificação. É um meio, mas não é o único. Aquele que faz constante exercício de dominar suas paixões, que, arrependido do mal que pratica, procura repará-lo, tem empregado um meio mais valioso, porque é constante, para chegar ao fim da confissão.

Por outra.[35] O que não descansa no trabalho de purificar sua alma, que todas as noites faz exame de consciência, renuncia ao mal que fez e faz propósito de se emendar, confessa-se constantemente. Falta-lhe a absolvição, é verdade; mas essa lhe virá de Deus, que disse por seu profeta: "Eu não quero a morte do ímpio, senão que ele se arrependa e venha a mim."[36]

O arrependimento sincero, a boa vontade trazem consigo a absolvição do Senhor.[37] Mais vale o constante esforço por combater-se do que dez mil confissões. Entretanto, repito, reconheço o grande valor desse meio de purificação e nunca disse o contrário; antes, em romances que tenho escrito, com puro intuito moral, preconizo-o.

"Sigo o Espiritismo e, conseguintemente, não posso ser cristão."

Afirmo-lhe que você fala assim porque nunca estudou o Espiritismo a fundo. Faz-se com essa doutrina o que se faz com a Maçonaria,[38] que, no Brasil pelo menos, é o mais

---

[35] Expressão que equivale a "de outra forma", "quer dizer".

[36] Referência a passagens bíblicas de EZEQUIEL, 18:23 e 33:11.

[37] Observe-se que a utilização da vírgula entre núcleos de sujeito composto, em lugar da conjunção "e", conforme se vê nesta oração, é recurso estilístico previsto pela gramática.

[38] Associação de caráter universal que cultiva a prática da fraternidade, da justiça social e da filantropia. Sua origem, segundo diversos historiadores,

estrênuo propulsor do culto de nossa religião. Isto é verdade, quer queiram quer não queiram, e contestá-lo é negar a mais respeitável autoridade da Terra.

Pois eu lhe digo, embora você sinta em minhas palavras cheiro de enxofre: nunca apreciei tão perfeitamente, para admirar e adorar, o sublime ensino de Jesus Cristo, como depois de ter estudado a Doutrina Espírita.

E você me diz que são incompatíveis!

O fanatismo religioso afasta o homem da pura e verdadeira religião. O fanatismo religioso foi o que perdeu o sacerdócio hebreu, repelindo as verdades do novo ensino, pelo simples fato de modificarem o ensino mosaico.[39]

Compreendo a maior reserva na aceitação de uma ideia nova, mas não compreendo a repulsão sistemática de toda ideia nova.

Vamos, porém, por partes a este estudo para que você me chamou, embora, em vez de uma carta, tenha eu de escrever um livro. Discutirei, aqui, a origem, a razão de ser, o modo de ensino e os princípios essenciais dessa filosofia teogônica,[40]

---

data da Idade Média, com a formação de corporações de construtores de templos e palácios. Já a organização moderna, espiritualizada e conhecida como Franco-Maçonaria, teve início na Inglaterra, em 1717, com a criação da Grande Loja de Londres. O termo "maçom", que significa "pedreiro", provém do inglês *mason*, do francês *maçon* e do alemão *metz*.

[39] Relativo a Moisés, profeta israelita que, segundo a tradição judaica e cristã, teria sido o autor do *Pentateuco*, ou seja, dos cinco primeiros livros do Velho Testamento.

[40] Em princípio, o emprego da expressão "filosofia teogônica" para caracterizar a Doutrina Espírita pode parecer incoerente, tendo em vista o sentido mítico da palavra "teogonia", que se refere à genealogia dos deuses nas religiões politeístas. No entanto, na *Revista Espírita: jornal de estudos psicológicos* (ano III, dezembro de 1860), publicada sob a direção de Allan Kardec, em artigo intitulado *Arte pagã, arte cristã, arte espírita,* encontra-se a seguinte explicação: "O Espiritismo encontra-se

que pretende os foros de revelação e que os fanáticos, sem estudo nem forma de processo, denominam "diabolismo".

Origem[41]

Você revela não conhecer os princípios fundamentais do Espiritismo, dizendo que são os de Pitágoras,[42] que, como se sabe, foram colhidos no Egito e abraçados por Platão.[43]

---

inteiramente na teogonia pagã, e a mitologia não passa de um quadro da vida espírita poetizada pela alegoria. Quem não reconhece o mundo de Júpiter nos Campos Elísios, com os seus habitantes de corpos etéreos? e os mundos inferiores seu Tártaro? e as almas errantes nos manes? e os Espíritos protetores da família nos lares e nos penates? no Letes, o esquecimento do passado, no momento da reencarnação? nas pitonisas, nossos médiuns videntes e falantes? nos oráculos, as comunicações com os seres de além-túmulo? A arte, necessariamente, teve de se inspirar nessa fonte tão fecunda para a imaginação, mas, para se elevar até o sublime do sentimento, falta-lhe o sentimento por excelência: a caridade cristã."

[41] Observe-se que, nesta parte, Bezerra de Menezes se valeu, em primazia, do livro *La Pluralité des existences de l'âme*, de André Pezzani, com primeira edição em 1865, pela Librairie Académique Didier et Cie, de Paris. A obra, incluída em 1866 no *Index librorum prohibitorum* (*Índice de livros proibidos*), foi referendada por Allan Kardec em *O evangelho segundo o espiritismo*, no item 17 do capítulo IV. Em 1872, seria publicada pela mesma casa a sexta edição, revista e ampliada, que foi utilizada aqui para cotejo dos textos. Portanto, quando a citação tiver sido extraída dessa obra, haverá indicação no final de cada nota, com o seu título seguido do número da página de referência.

[42] (c. 570–496 a.C.) filósofo e matemático grego. Apesar de pouco se conhecer sobre sua vida, há indícios de que teria passado mais de vinte anos no Egito, tornando-se partidário da crença na metempsicose.

[43] (427–347 a.C.) filósofo grego, discípulo de Sócrates e fundador da Academia. Sua teoria da metempsicose, com influência pitagórica, consta principalmente dos diálogos *Fédon*, *Fedro*, *A república* e *Timeu*.

A metempsicose, tanto no reino dos faraós, como na Grécia, consistia na transmigração das almas do corpo humano para corpos de animais irracionais, voltando à primitiva forma depois de três mil anos, segundo os egípcios, e de mil, segundo Platão.

O Espiritismo não admite transmigrações; estabelece a pluralidade de existências, mas todas com o puro caráter humano. O Espírito é criado para a perfeição, pelo saber e pela virtude, e marcha a seu destino através dos séculos, progredindo no duplo sentido, mediante múltiplas encarnações, até chegar ao estado de pureza exigida para poder entrar na sociedade de Deus, que é o destino humano, segundo a Igreja. Isto não é o mesmo que aquilo, salvo para quem confunde uma foice com um machado pelo fato de terem a mesma composição e se prestarem aos mesmos efeitos.

Também não é o Espiritismo, como diz você, filho do politeísmo, religião dos demônios, que Jesus Cristo expulsou. O Espiritismo não reconhece senão o Deus dos cristãos — o eterno Jeová,[44] a quem rende o mais submisso culto e a quem invoca, pelas preces da Igreja, assim como ao Cristo, que toma por modelo em todo o seu ensino. O Espiritismo não empresta a Deus as paixões humanas, como fazia o politeísmo, nem dá aos homens os atributos divinos, como fez a Igreja. O Espiritismo é, nesse ponto de vista, ardente sectário da religião revelada. Por outra. Em moral e teodiceia,[45] ele não altera uma vírgula do que está escrito.

---

[44] Uma das interpretações da pronúncia do tetragrama hebraico YHWH, o nome de Deus. Outras formas conhecidas são Iavé e Javé.

[45] Termo cunhado pelo filósofo alemão Gottfried Wilhelm Leibniz (1646–1716), em sua obra *Ensaio de teodiceia sobre a bondade de Deus, a liberdade do homem e a origem do mal* (1710), para demonstrar que há Justiça divina e que a presença do mal não entra em conflito com

É um ponto muito importante, que merece bem o seu estudo, para se expurgar dos falsos juízos, a que o arrastaram, sem dúvida, escritores desleais, que tudo se permitem, até mesmo adulterar as mais claras ideias do adversário, contanto que possam, no fim, bater palmas e reclamar as do triunfo. Inglório triunfo esse, que é alcançado pelo sofisma e pela falsificação!

Eu lhe afirmo que a moral espírita é a pura moral cristã: amor e caridade.

Eu lhe afirmo que a verdadeira teodiceia espírita não difere, numa linha, da teodiceia ortodoxa. E digo a *verdadeira*, porque a doutrina tem díscolos, como os tem a Igreja.

É verdade que Moisés baniu de seu povo a prática de evocar o Espírito dos mortos,[46] mas é confundir um acidente com o fato essencial dizer, por isso, que o Espiritismo foi condenado por Moisés. A evocação de Espíritos não constitui o Espiritismo, não passa de um fenômeno insignificante em relação aos princípios da Doutrina. Mas, quando[47] a proibição de Moisés fosse uma condenação da Doutrina, não era isso razão para considerá-la diabolismo, uma vez que a Sagrada Escritura autoriza a fé na comunicação dos Espíritos dos mortos com os dos vivos, por muitos exemplos, de que lembrarei o de ter Saul evocado, por meio da profetisa de En-Dor, o Espírito Samuel, com o qual conferenciou.[48] Aqui se evidenciam não só a verdade autêntica

---

a bondade de Deus, já que o homem foi dotado de autodeterminação, ou seja, livre-arbítrio. O termo teve origem no grego e, literalmente, significa "Justiça de Deus" (*theós*, 'deus' + *díke*, 'justiça').

[46] Referência a passagens bíblicas de Levítico,19:31 e 20:27 e de DEUTERONÔMIO, 18:11.

[47] Termo usado aqui no sentido de "ainda que".

[48] Referência à passagem bíblica de *Samuel*, capítulo 28, na qual Saul, o primeiro rei de Israel, temeroso pela aproximação dos filisteus, foi a

das comunicações, como a sua inocência; pois que, se fosse um pecado, o preclaro varão, que já era do paraíso, não se teria prestado [a tal coisa]. Dizer que o fato é real e inocente não vale o mesmo que afirmar a sua conveniência. Inquestionavelmente há até perigo em questionar os mortos por descobrir os segredos do futuro. Deus que os quer ocultos ao homem encarnado, é porque assim convém que seja. Não tem, pois, o valor que julga a prescrição de Moisés.

Deixemos, porém, estes incidentes e vamos à questão capital: a origem do Espiritismo ou doutrina das vidas múltiplas.

A ideia básica desta Doutrina, a pluralidade de existências, não é nova, como disse você, embora a tenha aplicado mal à metempsicose. Ela vem da origem dos tempos históricos, como a caridade, que serve de característico à doutrina de Jesus Cristo. O que se deu com uma e com a outra foi que um dia passaram de concepções intuitivas da humanidade à ordem de princípios definidos e de elementos integrantes de um sistema teogônico, apresentado ao mundo como verdade descida do Céu.

No Oriente, a caridade e a pluralidade de existências foram colunas em que assentou a doutrina dos brâmanes[49] e do Buda.[50] Nem, por já ter aquela curso forçado em todos os países aonde chegou a estupenda civilização bramânica,

---

En-Dor — cidade da Palestina, próxima ao monte Tabor — ao encontro de uma mulher sensitiva para que ela evocasse, em busca de uma revelação, o espírito do profeta Samuel.

[49] Membros da casta de sacerdotes hindus, voltados para o estudo, o ensino e a recitação das sagradas escrituras.

[50] Título dado pelos budistas a quem alcança a iluminação, libertando-se do sofrimento humano e da transmigração das almas. Na atualidade, em geral, refere-se a Siddhartha Gautama (563–483 a.C.), o fundador do Budismo.

se poderá dizer: que o Cristo foi um plagiário. Os princípios eternos são dados por intuição ao homem, diz Santo Agostinho,[51] e confirma-o a mais trivial observação na ordem seguida pela revelação divina. Há, porém, para cada um, tempo marcado pelo progresso humano, para passar da ordem de simples intuição à ordem de lei humana. E aquele que fez essa transformação foi o ministro do Senhor.

Cristo foi, portanto, quem fez germinar a semente da caridade, lançada à Terra desde o princípio da humanidade, como o Espiritismo está fazendo germinar a semente das vidas sucessivas, que a humanidade só agora está em condições de compreender, não em si, porque não há nada mais compreensível, mas em suas relações, no plano teogônico a que serve de pedra angular, o que reclama muito mais fina compreensão. A antiguidade, pois, não exclui a novidade de uma ideia teogônica, visto que todas foram dadas intuitivamente ao homem, desde a sua criação.

Também a demora de sua sagração, no sentido de vulgarização, não prova contra a sua verdade, porque a verdade tem sido dada à humanidade progressivamente e porque o próprio Jesus Cristo disse que *muitas outras verdades* deixava de ensinar, por não ser oportuno.[52] Há, pois, verdades

---

[51] Filho de Santa Mônica, Santo Agostinho (354–430) nasceu em Tagasta, norte da África. Depois de na juventude buscar nos prazeres carnais uma resposta à sua inquietude, converteu-se ao Catolicismo, em Milão, sob influência de Santo Ambrósio. Batizado em 387, retornou à África, desfazendo-se de seus bens para, com alguns companheiros, viver monasticamente. Em 396, foi eleito bispo de Hipona, cidade onde morreu durante o cerco dos vândalos. Como teólogo, exerceu papel preponderante no Ocidente, procurando conciliar o platonismo e o dogma cristão, a inteligência e a fé.

[52] Referência aos seguintes versículos de João, 16:12 e 13: "Ainda tenho muito que vos dizer, mas vós não o podeis suportar agora. / Mas quando

prometidas por Jesus, além das que Ele ensinou. Não será a que serve de base ao Espiritismo, essa sucessão de vidas corpóreas, uma das tais?

Convido-o a estudar esta tese.

Passemos em rápida revista: primeiro, a Antiguidade profana; segundo, a Antiguidade sagrada; terceiro, os autores modernos e contemporâneos.

Subdividamos a Antiguidade profana em quatro pontos: a teologia — a filosofia — o druidismo[53] — e os mistérios,[54] a que juntaremos um quinto: a metempsicose. Assim teremos ouvido a universalidade da opinião pagã.

Os *Vedas*,[55] livro sagrado dos hindus, consignam inúmeras manifestações, como esta: "Eis-me, *de novo*, revestido de um corpo."[56]

---

vier aquele Espírito de Verdade, ele vos guiará em toda a verdade; porque não falará de si mesmo, mas dirá tudo o que tiver ouvido e vos anunciará o que há de vir."

[53] Religião pagã dos druidas, sacerdotes celtas.

[54] Nas religiões antigas, culto secreto do qual somente iniciados participavam.

[55] Os quatro livros escritos em sânscrito, há cerca de dois mil anos antes de Cristo, que são a base das escrituras sagradas do Hinduísmo. O termo *veda* significa "conhecimento".

[56] Jean-Denis Lanjuinais, *La Religion des indoux selon les Védah* (Paris: Dondey-Dupré, 1832, p. 78). Em *La Pluralité des existences de l'âme*, p. 35.

O *Bhagavad-Gita*,⁵⁷ no *Shastra*⁵⁸ e no Código de Manu,⁵⁹ manifesta-se positivamente. No *Shastra* se encontram mil passagens como esta: "Eu tenho muitos renascimentos; e tu também Arjuna."⁶⁰ "Como trocamos por novos os vestidos usados, assim a alma deixa os corpos gastos *para vestir outros*."⁶¹

O Budismo⁶² é, como sabe, um ramo do Bramanismo,⁶³ assente sobre a mesma base: a pluralidade de existências,

---

⁵⁷ Texto religioso hindu que relata o diálogo de Krishna — uma das encarnações de Vishnu, o deus responsável pela manutenção do universo — com Arjuna, seu discípulo guerreiro, em um campo de batalha. O *Bhagavad-Gita* faz parte do épico *Mahabharata*, cuja autoria é atribuída a Vyasa (séc. IV a.C.), e significa "canção do Senhor", "mensagem do Mestre".

⁵⁸ Os *Shastras* são escrituras sagradas hindus que se referem à conduta diária, ao desenvolvimento interior e às verdades universais. Em especial, destinam-se ao ensino da arte, da ciência, da política e da ética. Aparecem em vários livros sagrados do Hinduísmo. *Shastra*, em sânscrito, significa "escritura", "codificação".

⁵⁹ *Manu Smriti*, a mais antiga lei religiosa e social da Índia, provavelmente escrita, sob a forma atual, entre 200 a.C. e 200 d.C., sendo atribuída a Manu, o primeiro homem dos hindus, uma espécie de Adão. Assim como os *Shastras*, aparecem em vários livros sagrados do Hinduísmo.

⁶⁰ Henri-Augustin Gomont, "Analyse et fragments d'Hiawatha", *Mémoires l'Académie de Stanislas*, 1860 (Nancy: Veuve Raybois, tomo I, 1861, p. 73). Em *La Pluralité des existences de l'âme*, p. 37.

⁶¹ *Ibidem*, p. 41. Em *La Pluralité des existences de l'âme*, p. 37.

⁶² Sistema filosófico e religioso hindu baseado nos ensinamentos de Siddhartha Gautama, ou Shakyamuni. A prática do Budismo busca a ascensão ao nirvana, ou seja, ao estado de paz e plenitude que encerra o sofrimento humano.

⁶³ O segundo dos três períodos da religião hindu, oriundo do Vedismo e predecessor do Hinduísmo. Estendendo-se, aproximadamente, do século X ao VII a.C., consolida o sistema de castas pela hegemonia dos sacerdotes brâmanes.

que se procura evitar pelo *nirvana*,⁶⁴ ou existência sem consciência.

O Masdeísmo,⁶⁵ que se distancia do Bramanismo por não admitir a origem divina do mal, e do Cristianismo, como é interpretado, por não admitir o triunfo do mal, pela eternidade da pena, consigna o princípio de que os homens *recomeçam* a existência cometendo as mesmas faltas e ficando sujeitos às mesmas causas do mal.

Por Heródoto⁶⁶ sabemos que os egípcios tinham por dogma a imortalidade da alma, mas que esta levava de uma encarnação a outra três mil anos, durante os quais percorria corpos de animais.⁶⁷

Os gregos e romanos acreditavam nas vidas múltiplas.

Louis Ménard,⁶⁸ falando da metempsicose, diz:

> Os mortos podem procurar novos destinos — e *reencarnar*, pelo Letes,⁶⁹ no turbilhão da vida universal; podem *tornar à Terra*,

---

⁶⁴ Em sânscrito, significa "explosão, extinção, desaparecimento". Ver nota 62.

⁶⁵ Ou Zoroastrismo, antiga religião persa fundada por Zoroastro (660–583 a.C.), ou Zaratustra, a qual admite dois deuses: um bom, deus de luz, e outro mal, deus das trevas, que travam combate para decidir o destino da humanidade. "Masdeísmo" provém do termo persa *mazda*, que significa "onisciente".

⁶⁶ Heródoto de Halicarnasso (484–420 a.C.), historiador grego que realizou um estudo comparado entre a religião egípcia e a grega no livro II de sua obra *Histórias*.

⁶⁷ Em *La Pluralité des existences de l'âme*, p. 52.

⁶⁸ Louis-Nicolas Ménard (1822–1901), escritor, filósofo, jornalista, pintor e cientista francês.

⁶⁹ Na mitologia grega, um dos rios do Hades (o mundo dos mortos), cuja água, quando ingerida, provocava o completo esquecimento nas almas reencarnantes.

uns para repararem as faltas de uma *vida anterior* e se purificarem por novas lutas, outros, os redentores mortais, por conduzirem os povos desencaminhados à prática das virtudes antigas.[70]

Vê-se, por isso, que a crença no Hades[71] dos gregos e no Amenti[72] dos egípcios não fazia desses lugares senão estações temporárias, donde a alma imperfeita *volvia ao círculo das existências corpóreas*, no seio da humanidade terrestre.[73]

Virgílio,[74] depois de descrever as penas do Tártaro[75] e as recompensas do Elísio,[76] diz:

> Todas essas almas, depois de terem, por mil anos, levado a existência naquelas paragens, são chamadas por Deus, em numerosos enxames, ao rio Letes, a fim de que, privadas de suas lembranças, *voltem aos lugares superiores e conexos — e comecem a sentir desejos de tornar aos corpos.*[77]

---

[70] *Du polythéisme hellénique* (Paris: Charpentier, 1863, p. 389 e 390). Em *La Pluralité des existences de l'âme*, p. 57.

[71] Nome usado pela mitologia grega para designar tanto o deus que governava o mundo inferior quanto a própria região, lugar onde todos os mortos seguiam para ter decidida a sua sorte.

[72] Na mitologia egípcia, a morada de Osíris, onde os mortos eram enviados para serem julgados por um tribunal.

[73] Em *La Pluralité des existences de l'âme*, p. 57.

[74] Publius Vergilius Maro (70–19 a.C.), considerado o maior poeta romano.

[75] Na mitologia grega, a região mais profunda do Hades.

[76] Na mitologia grega, a morada das almas dos heróis e dos homens virtuosos.

[77] Tradução livre do latim do poema épico *Eneida* (livro VI, versos 748 a 751), que narra as aventuras de Eneias, herói troiano que se tornou o ancestral dos romanos. Ver *P. Virgilii Maronis opera omnia* (Londres:

Assim, pois, toda a teologia pagã da Antiguidade profana, o que vale por dizer, todos os povos antigos tinham a crença de que o Espírito tomava múltiplas encarnações. Revistemos a filosofia pagã, com a mesma rapidez com que percorremos a teologia. Platão tentou firmar em provas a verdade das vidas sucessivas e no *Fédon*[78] desenvolveu largamente as duas principais: "uma, tirada da ordem geral da natureza; a outra, da consciência humana".[79]

> A natureza é governada pela lei dos contrários. E, pois, visto que a noite sucede ao dia, é de rigor que à morte suceda a vida. Além de que, se *ex nihilo nihil*,[80] os seres que vemos morrer *não podem deixar de voltar à vida*, porque, do contrário, tudo acabaria absorvido na morte — e a natureza seria um dia o que é a Endimião.[81, 82]

Passando à segunda prova, acrescenta:

A. J. Valpy, vol. II, 1819, p. 886 e887). Em *La Pluralité des existences de l'âme*, p. 57-58.

[78] Diálogo que evoca os últimos momentos de Sócrates (470–399 a.C.) e aborda questões sobre a imortalidade da alma, com o relato de Fédon, seu discípulo, a Equécrates, um dos últimos pitagóricos.

[79] *Dictionnaire des sciences philosophiques* (Paris: L. Hachette, tomo IV, 1849, p. 248, verbete métempsychose), dirigido por Adolphe Franck. Em *La Pluralité des existences de l'âme*, p. 60.

[80] Expressão latina que significa "nada vem do nada".

[81] Na mitologia grega, pastor amado por Selene (Diana) e a quem Zeus, a pedido dela, fez dormir em sono eterno para que conservasse sua beleza.

[82] *Dictionnaire des sciences philosophiques* (Paris: L. Hachette, tomo IV, 1849, p. 248, verbete métempsychose), dirigido por Adolphe Franck. Em Platão, no capítulo XVII do Fédon. Em *La Pluralité des existences de l'âme*, p. 60.

Ali encontramos o mesmo dogma atestado pela reminiscência. Aprender é recordar. Ora, se nossa alma se recorda *de já ter vivido antes de descer ao corpo*, como o provam as ideias inatas, por que não crer que, deixando ela este corpo, *possa vir animar muitos outros*?[83]

É verdade, como já disse, que tanto o grande vulto da Antiguidade como Pitágoras acreditavam na passagem das almas pelos infernos durante mil anos,[84] mas a questão capital era que, punidas as faltas, pelas transmigrações metempsicóticas, voltavam elas a nova vida corpórea e humana. Sua filosofia consistia, pois, nas vidas sucessivas com o livre-arbítrio e as penas reparadoras, como se vê pelos seguintes trechos.

> Todos os seres intelectuais são sujeitos a mudanças cujo princípio existe neles. Aqueles cujos costumes não sofrem senão ligeiras alterações estão sempre sobre uma superfície quase de nível. Os que sofrem alterações sensíveis, para o mal, são precipitados nas regiões subterrâneas, chamadas inferno, onde são perseguidos por terrores, por sonhos funestos, que os conturbam. A alma,

---

[83] *Dictionnaire des sciences philosophiques* (Paris: L. Hachette, tomo IV, 1849, p. 248, verbete métempsychose), dirigido por Adolphe Franck. Em Platão, no capítulo XVIII do Fédon. Em *La Pluralité des existences de l'âme*, p. 60 e 61.

[84] Em Platão, no livro X de *A República*, mais especificamente no relato que se tornou conhecido como Mito de Er, ou Mito da Reminiscência (614b–621b). Sócrates narra a Glauco a história de Er — originário da Panfília, antiga região da Ásia Menor, perto do mar Egeu —, cujo corpo foi encontrado intacto dez dias após morrer em uma batalha. No décimo segundo dia, ressuscitou e descreveu o que havia visto no Além. Quanto às almas que viu subir das entranhas da Terra, cobertas de sujeira e pó, disse que elas contavam as suas desventuras gemendo e chorando, em razão da lembrança dos males que tinham sofrido durante a sua estada subterrânea, que tem mil anos de duração.

porém, que fez progressos notáveis, por uma vontade firme, se o progresso foi para o bem, recebe grandes distinções e passa a uma habitação das mais felizes. Se, porém, o progresso foi para o mal, vai habitar um lugar conforme com o seu estado.[85]

Mais ainda.

Tal é, meu filho, a justiça dos habitantes do Céu. Se nos pervertemos, somos transportados à habitação das almas criminosas. Se nos aperfeiçoamos, somos transportados, vamos conviver com as almas santas. Em uma palavra: na vida e *em todas as mortes, que sucessivamente temos, recebemos o tratamento que naturalmente merecemos.*[86]

Plotino,[87] no curso de suas *Enéadas*,[88] diz:

É dogma de toda a Antiguidade e universalmente reconhecido que, se a alma comete faltas, é condenada a expiá-las, sofrendo punições nos infernos tenebrosos, sendo depois admitida a novos corpos, para recomeçar suas provas.[89]

---

[85] Em Platão, no livro X de *As leis*. Ver *Œuvres de Platon* (Paris: Pichon, tomo VIII, 1832, p. 265 e 266), com tradução de Victor Cousin. Em *La Pluralité des existences de l'âme*, p. 62 e 63.

[86] *Ibidem*. Ver *Œuvres de Platon*, p. 267. Em *La Pluralité des existences de l'âme*, p. 63.

[87] (205–270) filósofo neoplatônico, nascido no Egito e oriundo de família romana, que desenvolveu sistema filosófico que fundia as doutrinas antigas e o Cristianismo.

[88] Sistematização da obra de Plotino, realizada por Porfírio, em seis livros com nove tratados cada um, daí o nome *Enéadas* (do grego *ennéa*, 'nove').

[89] Parágrafo XII do livro I da primeira Enéada. Ver edição bilíngue em grego e latim: *Plotini enneades* (Paris: Ambrosio Firmin

Porfírio,[90] "admitindo como fato provado a ideia de Platão sobre a reminiscência, ensina que *já existimos numa vida anterior*, que nela cometemos faltas e que é para expiar essas faltas que *somos novamente revestidos de um corpo*".[91]

Se suportarmos a prova com resignação, cumprindo exatamente os deveres que nos ela impõe,[92] subimos gradualmente ao Deus supremo, passando pelas condições de herói, de deus intermediário, de anjo, de arcanjo etc.[93]

Jâmblico[94] merece ser ouvido sobre o juízo, sobre o castigo, sobre a purificação das almas.

Didot, 1855, p. 6), com tradução anotada para o latim de Marsilio Ficino. E primeira edição em francês: *Les Ennéades de Plotin* (Paris: L. Hachette, tomo I, 1857, p. 48), com tradução anotada de M.-N. Bouillet. Em *La Pluralité des existences de l'âme*, p. 64-65.

[90] Filósofo grego neoplatônico (c. 232–305), um dos mais importantes discípulos de Plotino.

[91] *Dictionnaire des sciences philosophiques* (Paris: L. Hachette, tomo IV, 1849, p. 249, verbete métempsychose), dirigido por Adolphe Franck. Em Porfírio, em *Principes de la théorie des intelligibles*. Em *La Pluralité des existences de l'âme*, p. 71.

[92] Bezerra de Menezes, nesta tradução, vale-se da apossínclise, recurso estilístico em que ocorre a intercalação de uma ou mais palavras entre o verbo e o pronome átono proclítico. Ou seja, utiliza "nos *ela* impõe" em lugar de "*ela* nos impõe".

[93] *Dictionnaire des sciences philosophiques* (Paris: L. Hachette, tomo IV, 1849, p. 249, verbete métempsychose), dirigido por Adolphe Franck. Em Porfírio, em *Principes de la théorie des intelligibles*. Em *La Pluralité des existences de l'âme*, p. 72.

[94] Jâmblico de Cálcis (c. 250–330), filósofo nascido na Síria.

Segundo a maioria dos pitagóricos e platônicos, é pelas almas particulares que se executam aqueles três atos, mas, segundo os filósofos que melhor têm estudado a questão, é pela alma universal, que preside à ordem do universo, pela inteligência régia, que dá ao mundo sua beleza, que são eles executados.

Qual o fim para que se executam tais atos? O fim do juízo é limpar de toda a impureza os homens virtuosos, distinguir a perfeição da imperfeição, exaltar a excelência das almas superiores. O fim do castigo é fazer prevalecer o bem sobre o mal, reprimir o vício, destruí-lo e aniquilá-lo, realizar para todos uma igualdade conforme ao mérito.

Quanto à purificação, tem ela por fim livrar a alma das causas estranhas, restituir-lhe sua essência própria, dar-lhe a perfeição, a plenitude, a independência, facilitar a sua volta ao princípio de que emana, conduzir as substâncias particulares a se unirem com as universais e a participarem de seu poder, de sua vida e de suas funções. As almas submetidas ao juízo, enquanto persistem na geração, não saem do universo e são confundidas com a diversidade. Desde, porém, que se libertam, que ficam independentes e senhoras de si, *não são mais submetidas a juízo.*

O mesmo em relação ao castigo.

Os antigos colocaram no número[95] dos deuses, mesmo enquanto estão sobre a Terra, as almas puras e unidas com eles pela conformidade de pensamentos — e não as submetiam a penas logo que deixavam o corpo. Os platônicos, porém, as fazem passar por penas em sua ascensão da geração ao mundo inteligente.[96]

---

[95] Termo usado aqui no sentido de "classe", "categoria".
[96] Capítulo XVI (*De la purification*) de *De anima*. Em francês, *Traité de l'âme*, publicado como apêndice da edição de *Les Ennéades de Plotin* (Paris: L. Hachette, tomo II, 1859, p. 658 e 659), com tradução anotada de M.-N. Bouillet. Em *La Pluralité des existences de l'âme*, p. 72 a 74.

Assim como a teologia pagã, a filosofia pagã, espiritualista, proclama a pluralidade de existências.

Vamos aos mistérios, que, como você sabe, encerravam os mais elevados pensamentos da Antiguidade.

O dogma da pluralidade de existências foi o mais oculto segredo dos mistérios, transmitido, de idade em idade, aos iniciados, que eram preparados por longas provas para receberem essa verdade.[97]

Os mistérios eram a representação simbólica dos destinos humanos, cujos diversos graus se refletem na hierarquia dos iniciados. O vestíbulo do templo representa a vida terrestre, onde se faziam cruéis provas, até conquistar-se o santuário, símbolo da vida feliz do Céu. A lei era: ninguém se eleva senão pelo seu mérito e virtude, e a recompensa não cabe senão aos que resistem às provas.[98]

Os que não resistiam eram atirados às dependências do templo, donde volviam a novas provas. Não pode ser mais categórica a representação das vidas sucessivas, para a obtenção do mérito e da virtude, que conquistam a recompensa.

Sobre os mistérios egípcios, Jâmblico diz: "Antes de ser desterrada para o corpo, a alma tinha ouvido as celestes harmonias e, se análogos acentos vêm ferir-lhe os ouvidos, ela se exalta e se transporta além da Terra."[99]

---

[97] Em *La Pluralité des existences de l'âme*, p. 91.

[98] *Ibidem*, p. 93.

[99] Capítulo 9 da seção 3 de *De mysteriis aegyptiorum* (*Dos mistérios egípcios*). Ver edição bilíngue em grego e latim: *Jamblichi de mysteriis liber* (Berlim: Friedrich Nicolai, 1857, p. 117 e 118), por Gustav Parthey. Em francês, consta de: *Histoire de l'éclectisme alexandrin* (Lyon: Périsse Frères, tomo I, 1843, p. 335), de Jean-Marie Prat, e *Dictionnaire des origines du Christianisme* (Petit-Montrouge: J.-P.

O mesmo, iniciado naqueles mistérios, acrescenta:

> A justiça dos deuses não é a justiça dos homens. O homem a define pelas relações de sua vida *atual* e de seu estado presente. Os deuses a definem relativamente por *nossas existências sucessivas* e pela *universalidade de nossas vidas*. Assim, as penas que nos afligem *são, em geral, o castigo de um pecado, em que a alma se tornou culpada numa vida anterior*. Os deuses nos ocultam a razão, mas, por isso, não deixamos de atribuí-las à sua justiça.[100]

Dos mistérios passemos ao druidismo. É tão certo que os druidas ensinavam o dogma das vidas sucessivas, como é certo que acreditavam na unidade de Deus.

César[101], que não pode ser suspeito, porque acreditava no nada depois da morte, diz: "Uma crença que eles procuravam, principalmente, firmar era a das almas não perecerem com o corpo, *passando a novos depois da morte*."[102]

Migne, 1856, p. 656, verbete Jamblique), de Louis-François Jéhan. Em *La Pluralité des existences de l'âme*, nota 1, p. 96.

[100] Capítulo 5 da seção 4 de *De mysteriis aegyptiorum*. Ver *Jamblichi de mysteriis liber*, p. 187 e 188; *Histoire de l'éclectisme alexandrin*, p. 337; *Dictionnaire des origines du Christianisme*, p. 656 e 657. Em *La Pluralité des existences de l'âme*, p. 96 e 97.

[101] Júlio César (100–44 a.C), líder e militar político romano cujos escritos se tornaram a principal referência clássica sobre os druidas.

[102] Capítulo XIV do livro VI de *Commentarii de bello gallico* (*Comentários sobre a guerra gálica*). Ver edição bilíngue em latim e francês: *Mémoires de Jules César* (Paris: Panckoucke, tomo I, 1828, p. 320 e 321), com tradução de Nicolas-Louis-Marie Artaud. Em *La Pluralité des existences de l'âme*, p. 106.

Pompônio Mela[103] sustenta o mesmo, assegurando que eles consideram a alma eterna e que há outra vida entre os manes.[104, 105]

Amiano Marcelino[106] corrobora aqueles dizeres, e Diodoro de Sicília[107] fala nestes termos: "Eles fazem prevalecer a opinião de Pitágoras, que sustenta a imortalidade das almas e que elas vão *animar outros corpos*, pelo que, quando queimam seus mortos, lançam à fogueira cartas para seus parentes."[108]

A cosmologia druídica, você a deve conhecer bem. É esta: o universo divide-se em três círculos: o da imensidade, que é a morada de Deus; o da felicidade, ou paraíso, para onde vão as almas que, *de provas em*

---

[103] Geógrafo e escritor latino (séc. I).

[104] Para os antigos romanos, as almas deificadas de antepassados falecidos.

[105] Capítulo II do livro III de *De chorographia* (*Corografia*), compêndio geográfico que descreve, no livro em questão, diversos lugares do mundo, entre eles a Gália. Em *La Pluralité des existences de l'âme*, p. 106.

[106] Historiador e militar romano (c. 330–391) autor da obra *Resgestae* (*Histórias*), que, em 31 livros, relata desde a ascensão do imperador Nerva, em 96, até a morte do imperador Valente e a batalha de Adrianopla, em 378.

[107] Também conhecido como Diodoro Sículo (90–30 a.C.), historiador grego que produziu uma única obra, com 40 livros, a qual intitulou *Biblioteca histórica*.

[108] Citação do capítulo XXVIII do livro V de *Bibliothecae historicae* (*Biblioteca histórica*). Ver edição bilíngue em grego e latim: *Bibliothecae historicae* (Strasbourg: Bipont, vol. III, p. 309), com tradução para o latim de Lorenz Rhodomann. E em francês: *Bibliothèque historique* (Paris: Adolphe Delahays, tomo II, 1851, p. 28), com tradução anotada e indexação de Ferdinand Hoefer. Em *La Pluralité des existences de l'âme*, p. 107.

provas, chegam à sociedade dos eleitos; e o das viagens, que compreende as que não têm ainda títulos para alcançar o paraíso.[109]

Todo o fim do homem é vencer o círculo das viagens e chegar ao da felicidade, do qual não pode decair; entretanto que,[110] no das viagens, pode, por suas faltas, decair de um mundo superior em um inferior. Por essa razão, sendo a Terra um mundo de viagens, recebe contingentes de Espíritos, que lhe chegam de mundos inferiores, por seu aperfeiçoamento, e de mundos superiores, por seu decaimento.[111]

A teologia druídica considerava a vida da Terra como uma passagem para mais altos destinos, sendo cada um de seus habitantes sujeito às provas que tivesse merecido, para avançar, por elas, em harmonia com o plano geral da Criação.[112]

O mal tem um caráter negativo e provisório, dominando somente nos mundos de viagem. Nesses, ele é, até certo ponto, necessário, como meio para o exercício da liberdade humana e de expiação. E, pois, aquela teologia não atribuía o mal a Deus, mas sim às faltas dos homens, os quais ocupam na vida terrestre a posição a que fizeram jus. A liberdade humana e a Providência fazem, neste planeta, a parte do homem e a de Deus.[113]

A preexistência era ensinada positivamente e, por conseguinte, a pluralidade de existências.

---

[109] Em *La Pluralité des existences de l'âme*, p. 108.
[110] *Entretanto que* é locução que equivale a "enquanto".
[111] Em *La Pluralité des existences de l'âme*, p. 108.
[112] *Ibidem*, p. 109.
[113] *Ibidem*, p. 109 e 111.

Agora duas palavras sobre a metempsicose animal.

Pitágoras, como já sabemos, foi quem transplantou para a Grécia o dogma egípcio, que consistia na passagem da alma dos maus para os corpos de animais e na divinização da alma dos bons, elevados pela virtude e pela sabedoria.[114] O fim da moral pitagórica era estimular os Espíritos a procurarem evitar a metempsicose. Era, no fundo, a pena terrível imposta aos réprobos: inferno pitagórico, como o inferno tártaro, como o inferno dantesco,[115] como o inferno transladado do paganismo para a nossa cosmologia. A diferença daquele para este é devida ao atraso humano, de não se saber naquele tempo o que é feito das almas depois da morte.

Seja, porém, como for, a metempsicose animal encerra o princípio das vidas sucessivas, como meio de provas e de expiações, para o Espírito subir na longa escada de Jacó,[116] até seu topo, que é a desmaterialização completa e o máximo da perfectibilidade humana, tanto pelo saber, como pela virtude.

Pelo estudo da Antiguidade profana, em todas as suas relações, temos visto que o princípio da pluralidade das existências estava encarnado na alma de todos os povos e de todas as seitas religiosas e filosóficas, na parte pensante da humanidade antiga.

---

[114] Em *La Pluralité des existences de l'âme*, p. 115 e 116.

[115] Referência ao poema épico *A divina comédia*, de Dante Alighieri (1265–1321), escritor e político italiano, que relata suas viagens pelo Inferno, Purgatório e Paraíso.

[116] Referência à passagem bíblica do *Gênesis* (28:12), no Velho Testamento, em que Jacó tem a visão da escada que une a terra ao céu: "E sonhou: e eis uma escada posta na terra, cujo topo tocava nos céus; e eis que os anjos de Deus subiam e desciam por ela."

Passemos agora a um ligeiro estudo da Antiguidade sagrada, que anunciamos como nosso segundo ponto ou segunda tese de exame. Examinaremos, aqui, a teologia hebraica, a cristã e o grande vulto que se chamou Orígenes.[117]

Compreende-se bem que Moisés, dirigindo-se a povos na primeira infância, e Cristo, aos que se achavam na segunda, não podiam revelar todas as condições da vida futura: a reabilitação sempre possível pelo arrependimento e a marcha progressiva dos Espíritos até a posse de Deus. Por isso, que o próprio Cristo tornou irrecusável, pelas palavras acima citadas, não encontraremos facilmente, como nas outras fontes do saber e das crenças humanas, a ideia que serve de base ao Espiritismo. Desde, porém, que descobrirmos, nos fastos da História sagrada, passagens que não possam ser explicadas senão pela preexistência e pelas reencarnações, teremos aí a prova de que os dois reveladores das eternas verdades conheciam, tinham em seu espírito a que não lhes era dado ainda revelar, mas que lhes escapava, como acontece ao mestre, que, limitando seu ensino à capacidade e grau de adiantamento do discípulo, sempre deixa transluzir seu superior saber.[118]

Schutz,[119] em sua dissertação sobre o gênio de Moisés, expõe assim a crença íntima dos hebreus:

---

[117] Teólogo e escritor cristão (c. 185–254) nascido em Alexandria, no Egito. Segundo São Jerônimo, escreveu cerca de seiscentas obras, tornando-se um dos maiores eruditos da Igreja antiga.

[118] Alguns trechos em *La Pluralité des existences de l'âme*, p. 127 e 128.

[119] Ferdinand Schutz (1810–1873), escritor e tradutor francês membro titular da Académie de Stanislas (Société Royale des Sciences et Belles-Lettres de Nancy).

Depois da morte, a alma, fiel às inspirações do Espírito divino, reúne-se a seus antepassados no seio de Abraão. Ali acha a sua recompensa no *desenvolvimento* de seu amor e na compreensão das leis e da vontade divinas. A alma, porém, que, como foice inútil, dormiu no caminho e distanciou-se do Pai celestial, *cura--se e regenera-se pelo arrependimento*, pelo socorro das almas fraternais e do médico das almas e pela procura do que disse: 'Eu sou o soberano bem.'[120]

Eis aí que a crença íntima do povo de Deus assentava sobre dois fatos bem notáveis: o arrependimento depois da morte produzindo os mesmos efeitos que antes e a cura e regeneração das almas que fizeram o mal na vida e que, por isso, não foram para o seio de Abraão, como as que fizeram o bem.

Em *Isaías*,[121] lê-se: "Jeová diz: Eu não disputarei *eternamente* com o culpado e a minha cólera não durará *sempre*; porque os Espíritos saíram de mim e Eu criei as almas."[122]

No *Gênesis*,[123] capítulo 2, versículo 7, lê-se também: "E o que foi — é — e há de ser fez para o homem um corpo grosseiro, tirado dos elementos da terra, e uniu a esses órgãos materiais a alma inteligente e livre, trazendo já

---

[120] "L'Esprit de Moïse". Ver *Mémoires de L'Académie de Stanislas 1859* (Nancy: Veuve Raybois, tomo II, 1860, p. 353). Em *La Pluralité des existences de l'âme*, p. 128 e 129.

[121] Livro do Velho Testamento atribuído a Isaías (séc. VIII–VII a.C.), profeta de Jerusalém, no qual há referência à Virgem Maria e ao nascimento de Cristo (Isaías, 7:14).

[122] Em Isaías, 57:16. Em *La Pluralité des existences de l'âme*, p. 130.

[123] O primeiro livro da *Bíblia*, que descreve a criação do mundo. O nome, que significa "origem", foi consagrado pela *Septuaginta*, a mais antiga versão em grego do Velho Testamento hebraico, no qual o livro chama--se *Bereshít* (no princípio), da forma que se abre o texto.

consigo o sopro divino":[124] o espírito, que a segue *em todas as suas vidas...*[125]

Só na preexistência se pode achar a razão do que disse Jeremias:[126] "Antes que fosse ele gerado no ventre de sua mãe, *eu já o tinha conhecido.*"[127]

E a melhor prova de que era geral a ideia da pluralidade de existências entre os judeus está no fato de acreditarem que Jesus *era um dos antigos profetas.*[128]

Do mosaísmo é natural a transição para o Cristianismo, para o Novo Testamento.

Santo Agostinho, no livro I das *Confissões,*[129] exprime-se assim: "Antes do tempo que passei no seio de minha mãe, *não terei estado em outra parte e sido outra pessoa?*"[130]

---

[124] "E formou o Senhor Deus o homem do pó da terra, e soprou em suas narinas o fôlego da vida; e o homem foi feito alma vivente" (GÊNESIS, 2:7).

[125] Em *La Pluralité des existences de l'âme*, p. 132.

[126] Profeta de Anatote (séc. VII–VI a.C.), cidade de sacerdotes situada no território de Benjamim, ao norte de Jerusalém. No Velho Testamento, são a ele atribuídos dois livros: *Jeremias* e *Lamentações de Jeremias*. O nome Jeremias provém do hebraico *Yirmiyah*, que siginifica "indicado por Javé".

[127] Em JEREMIAS, 1:5. Em *La Pluralité des existences de l'âme*, p. 135.

[128] Referência à passagem bíblica de *Mateus* (16:14) , na qual Jesus indaga de seus discípulos sobre quem os judeus pensavam ser Ele, e como resposta obtém: "Uns, João, o Batista; outros, Elias; e outros, Jeremias, ou um dos profetas." Consta também de MARCOS, 8:28 e LUCAS, 9:19. Em *La Pluralité des existences de l'âme*, p. 135 e 136.

[129] Uma das principais obras de Santo Agostinho, sobressaindo-se tanto pelo aspecto literário quanto pelo teológico e filosófico. Em sua maior parte autobiográfica, foi escrita entre 397 e 400.

[130] Capítulo VI do livro I. Ver edição em latim: *Confessiones* (Leipzig: Tauchnitz, 1837, p. 5), por Carl Hermann Bruder. E edição em francês: *Confessions* (Paris: Charpentier, 1841, p. 17), com tradução de Saint--Victor. Em *La Pluralité des existences de l'âme*, p. 138.

Aquele luminar da Igreja não descobriu na lei da preexistência antagonismo com a lei cristã da Igreja!

Jesus Cristo, quando os discípulos lhe diziam que o povo o considerava Jeremias, Elias[131] ou outro profeta renascido, não combateu semelhante *heresia*, como fazia sempre que lhes ouvia conceitos contrários aos eternos princípios, ao ponto de chamá-los Satanás![132]

Ainda mais: encontrando um cego de nascença e perguntando-lhe os discípulos se aquela desgraça provinha dos pecados do cego ou dos de seus pais, em vez de combater a primeira hipótese, impossível na teogonia da vida única, limitou-se a dizer: "Não é que este homem tenha pecado, nem aqueles que lhe deram o ser, mas é para que as obras do poder de Deus brilhem nele."[133]

---

[131] Profeta tesbita (séc IX a.C.) natural de Gileade, país ao oriente do Jordão. Sua história é narrada nos dois livros dos Reis, no Velho Testamento. O nome Elias provém do hebraico *El-Yah*, que significa "meu Deus é Javé".

[132] Em hebraico, significa "acusador", "adversário". No Velho Testamento, Satanás aparece primeiramente no *Livro de Jó*, como um ser celestial que acusa os justos perante Deus (Jó 1:6 a 11 e 2:1 a 5). Da mesma forma, em ZACARIAS, 3:1. No Novo Testamento, em dois Evangelhos, quando do episódio da tentação de Jesus (MATEUS, 4:1 a 11 e LUCAS, 4:1 a 13), Satanás se equivale ao Diabo, o anjo rebelde. Em *O livro dos espíritos*, no comentário da questão 131, encontra-se a seguinte explicação: "Satanás é evidentemente a personificação do mal sob forma alegórica, pois não se poderia admitir um ser mau a lutar de igual para igual com a Divindade e cuja única preocupação consistisse em contrariar os seus desígnios." (Rio de Janeiro: Federação Espírita Brasileira, 4. ed., 2013, trad. Evandro Noleto Bezerra.)

[133] Referência à passagem bíblica de o *Evangelho segundo João* (9: 1 a 11) no Novo Testamento, na qual Jesus cura um cego de nascença ao aplicar-lhe nos olhos uma mistura de saliva e terra. O trecho entre aspas se reporta ao versículo 3. Em *La Pluralité des existences de l'âme*, p. 138 e 139.

Por estas palavras, que nada explicavam, o Cristo evitou a explicação que não podia ser compreendida naqueles tempos.

Mais esta passagem: os apóstolos perguntaram a Jesus como é que, dizendo as escrituras que antes do Cristo devia vir Elias, aconteceu que viesse aquele antes deste. E o divino Mestre respondeu: "Digo-vos que Elias já veio e que o mundo não o conheceu e fez dele o que lhe pareceu." E lê-se no Evangelho a esse respeito que os apóstolos compreenderam falar o Mestre de João Batista.[134]

Mais completa prova de que Jesus admitia as reencarnações só esta: Nicodemos[135] pediu-lhe explicações sobre a vida futura e o Senhor respondeu-lhe: "Em verdade, em verdade te digo: ninguém poderá ter o reino do Céu *sem renascer de novo*."[136]

E, como Nicodemos lhe perguntasse: "Como poderá um velho voltar ao seio materno?", Ele respondeu: "Em verdade te digo: aquele que não renascer da água e do Espírito não poderá entrar no reino do Céu."[137]

---

[134] Referência à passagem bíblica de *Mateus*, na qual Jesus explica a seus discípulos sobre a vinda de Elias (MATEUS, 17:10 a 13), que, no Velho Testamento, é predita em MALAQUIAS, 4:5. O trecho entre aspas se reporta ao versículo 12 de MATEUS, cujo teor consta também de MARCOS, 9:13.

[135] Líder religioso dos fariseus e membro do Sinédrio, uma espécie de corte suprema.

[136] Versículo 3, do capítulo 3 de o *Evangelho segundo João*. Em *La Pluralité des existences de l'âme*, p. 141.

[137] Em JOÃO, 3:4 e 5. Em *La Pluralité des existences de l'âme*, p. 141. Ver, em *O evangelho segundo o espiritismo*, item 7 do capítulo IV, com o título "Ressurreição e reencarnação", que traz esclarecimento sobre a redação em JOÃO, 3:5, conforme se encontra em algumas traduções da *Bíblia*, do termo "Espírito Santo" no lugar de "Espírito" somente.

A explicação é esta: Jesus não quis explicar, certamente porque era essa uma daquelas verdades que Ele disse não poder ensinar, por não ser oportuno.[138]

A reencarnação do Espírito Elias em João Batista diz o mais que pode dizer, sobre a nossa questão, o Novo Testamento.[139]

Vamos ao *Zohar*,[140] o repertório dos altos princípios constitutivos dos mistérios dos judeus, transmitidos por tradição até Simão ben Jochai,[141] que os reduziu a escrito.

Sabe você que a tradição reza ter Moisés confiado tais princípios a setenta anciãos[142] ao tempo em que dava à massa popular a lei que recebera no Sinai.[143] Em todo

---

[138] Em JOÃO, 16:12. Em *La Pluralité des existences de l'âme*, p. 142.

[139] Bezerra de Menezes, nesta frase, vale-se da anástrofe, figura de sintaxe em que ocorre a inversão da ordem natural de termos oracionais. Aqui, essa ordem seria: "A reencarnação do Espírito Elias em João Batista diz o mais que o Novo Testamento pode dizer sobre a nossa questão."

[140] Conjunto de livros místicos escritos em aramaico e hebraico que trazem comentários sobre a Torá (Pentateuco). Teria sido encontrado e traduzido por Moisés de Léon, no século XIII, na Espanha, tornando-se um dos mais importantes tratados da Cabala, sistema filosófico-religioso judaico de origem medieval que integra elementos do início da Era Cristã. Em hebraico, *zohar* significa "esplendor".

[141] Ou Shimon bar Yochai (séc. I–II), rabino que, devido à perseguição romana, durante o reinado do imperador Tito, permaneceu escondido com seu filho por 13 anos numa caverna nas colinas ao norte de Israel, onde teria escrito o *Zohar*.

[142] Referência a passagem bíblica de NÚMEROS, 11:16, no Velho Testamento: "E disse o Senhor a Moisés: Ajunta-me setenta homens dos anciãos de Israel, que sabes serem anciãos do povo e seus oficiais; e os trarás perante a tenda da congregação, e ali estejam contigo."

[143] O monte Sinai, também conhecido como monte Horebe. Situa-se no Egito, na península do Sinai, região na qual Moisés recebeu do senhor

o caso, o *Zohar* rivaliza em antiguidade com o *Gênesis* e contém a doutrina dos mais adiantados espíritos de Israel. Nele se encontram os elementos da filosofia cabalística, da qual Moisés Botril[144] diz: "A Cabala é a mais pura e a mais santa filosofia."[145] Nele se encontra o verdadeiro sistema do mundo, dizendo-se a Terra esférica e girando sobre o seu eixo, de modo que tem metade em dia, enquanto a outra metade está em noite, tudo conforme com a cosmografia atual.[146]

Nesse livro, que Drach[147] chamou eminentemente cristão,[148] encontra-se o dogma das vidas sucessivas e da pluralidade de mundos habitados pelos mesmos Espíritos, que vão passando de uns para outros, à medida que vão adquirindo o preciso progresso para deixarem o mais atrasado e passarem ao imediato em graduação. Para prová-lo, basta citar este trecho entre muitos:

---

o Decálogo, conforme o Êxodo, 31:18, no Velho Testamento: "E deu a Moisés (quando acabou de falar com ele no monte Sinai) as duas tábuas do testemunho, tábuas de pedra, escritas pelo dedo de Deus."

[144] Ou Moses Botarel (séc. XIV–XV), rabino espanhol.

[145] Citação do comentário de Botril sobre o *Sefer Yetzirah* (em hebraico, *Livro da formação*), um dos principais livros da Cabala. Esse comentário foi impresso em Mantova, na Itália, em 1562. Em francês, consta de *La Kabbale ou la philosophie religieuse des hébreux* (Paris: L. Hachette, 1843, p. 133), de Adolphe Franck. Em *La Pluralité des existences de l'âme*, p. 146.

[146] Referência à parte III do *Zohar*. Em *La Pluralité des existences de l'âme*, p. 149.

[147] David Drach (1791–1865), rabino cabalista francês que se converteu ao Catolicismo em 1823. Após a conversão, passou a se chamar Paul-Louis-Bernard Drach, ou simplesmente Chevalier Drach.

[148] Informação constante de *Deuxième lettre d'un rabbin converti, aux israélites ses frères, sur les motifs de sa conversion* (Paris: Chez l'Auteur, 1827, p. 37). Em *La Pluralité des existences de l'âme*, p. 152.

As almas são sujeitas à transmigração e os homens não sabem quais são, a seu respeito, as vistas do Altíssimo. Não sabem como são julgados, em todos os tempos: *antes de virem a este mundo e depois de o terem deixado. Ignoram quantas provas são obrigados a sofrer* [...][149]

Entrando nos elementos do homem, que divide em espírito, ou *rouah*,[150] em alma, ou *nichema*,[151] em espírito mais grosseiro, *nephesch*,[152] ele se exprime assim a respeito do *rouah*: "[...] espírito *das vidas* e de *todas as existências*, de *todas as peregrinações* a que a alma é sujeita antes de subir àquele, donde não desce senão voluntariamente para o desempenho de missões [...]"[153]

Vê-se por aí que, a par da doutrina ensinada às massas, os judeus possuíam uma, superior, que só os Espíritos elevados conheciam.

Despeçamo-nos da Antiguidade, falando de Orígenes.

Orígenes é para o Cristianismo o que os mistérios foram para a gentilidade e o *Zohar* foi para o Mosaísmo. Ele tentou um esforço superior às forças da humanidade, à qual o Cristo não quis revelar senão as verdades que estavam ao alcance de sua capacidade. À parte seus arroubos,

---

[149] Parte II do *Zohar*. Em francês, consta de *La Kabbale ou la philosophie religieuse des hébreux* (Paris: L. Hachette, 1843, p. 245), de Adolphe Franck. Em *La Pluralité des existences de l'âme*, p. 156-157.

[150] Em hebraico, "o sopro da vida".

[151] Em hebraico, "a alma inteligente".

[152] Em hebraico, "o ser vivente". No texto original da *Bíblia*, em hebraico, estes três elementos (*rouah*, *nichema* e *nephesch*) aparecem no *Bereshít* (GÊNESIS: 2:7), no Velho Testamento, na passagem que descreve a criação do homem.

[153] Parte II do *Zohar*. Em *La Pluralité des existences de l'âme*, p. 159.

que foram condenados justamente pelos concílios de Calcedônia[154] e de Constantinopla,[155] tudo por partir de um erro: ser o homem um anjo endiabrado, Orígenes foi profundamente versado nas sagradas letras, como o atesta Santo Agostinho.[156] À parte esses arroubos condenáveis, a sua doutrina sobre a evolução dos Espíritos é arrebatadora: *Antes de virem a esta vida já eles existiam* e nascem para sofrer as penas de suas faltas e nascem *tantas vezes*, em mundos progressivamente superiores, quantas são precisas para se limparem daquelas faltas.[157]

No fundo, o sentimento de Orígenes é que as regiões ocupadas pelo mal não têm caráter absoluto e que, portanto, nenhum obstáculo se opõe à geral restauração da Criação.

A propósito do instituidor da religião cristã e sobre os castigos com que ameaça os réprobos, diz ele:

> Perguntaram a Sólon[158] se as leis que ele formulara eram as melhores. Respondeu que eram as melhores para aquele país.

---

[154] Quarto concílio ecumênico, realizado em 451, durante o papado de Leão I.

[155] Referência ao *II Concílio de Constantinopla*, o quinto ecumênico, realizado em 553, durante o papado de João II.

[156] Referência ao capítulo XXIII do livro XI de *De civitate Dei* (*A cidade de Deus*). Edição em francês: *La cité de Dieu* (Paris: Charpentier, tomo II, 1843, p. 23), com tradução de Louis Ignace Moreau. Em *La Pluralité des existences de l'âme*, p. 165.

[157] Referência principalmente ao capítulo IV do livro IV de *De principiis* (*Tratado dos princípios*), obra escrita no século III, da qual só nos restou a tradução latina feita pelo monge Rufino, no século V. Em *La Pluralité des existences de l'âme*, p. 165.

[158] Poeta e legislador ateniense (650–570 a.C.) considerado um dos sete sábios da Grécia.

Assim poderia responder Jesus: Eu dei o melhor sistema que podia receber a humanidade, para melhorar seus costumes. Fixei uma regra e ameacei os transgressores com suplícios e penas. Estes suplícios não são imaginários e sua *exageração* era necessária para corrigir os obstinados. Estes, porém, não podem compreender, nem a intenção daquele que castiga, nem o fruto que lhes deve resultar do mesmo castigo.[159]

Da Antiguidade, tanto profana como sagrada, passemos aos autores modernos e contemporâneos.

Cyrano de Bergerac,[160] cujos notáveis escritos foram inutilizados pelo obscurantismo, sustenta a sucessão de vidas, explica o que sempre se entendeu por "demônio" e prova que a queda dos anjos[161] é coisa que o mundo não conhecia antes

---

[159] Capítulo 79 do livro III de *Contra Celsum* (*Contra Celso*), obra apologética escrita em 248 para refutar as críticas ao Cristianismo de Celso, constantes de *Alēthēs lógos* (*O logos verdadeiro*), concebido no século II, por volta de 178, durante o reinado do imperador Marco Aurélio. A história de Sólon consta do capítulo 15 de sua biografia *Vita Solonis* (*Vida de Sólon*), realizada por Plutarco. Em *La Pluralité des existences de l'âme*, p. 173 e 174.

[160] Savinien de Cyrano de Bergerac (1619–1655), poeta e livre-pensador francês imortalizado devido à peça teatral baseada em sua vida, *Cyrano de Bergerac*, escrita por Edmond Rostand, em 1897.

[161] Referência aos anjos denominados Vigilantes, que se perverteram ao manter relações sexuais com as filhas dos homens. No texto bíblico do Gênesis (6:2), no Velho Testamento, essa passagem é descrita da seguinte forma: "Viram os filhos de Deus que as filhas dos homens eram formosas; e tomaram para si mulheres de todas as que escolheram." No entanto, é no *Livro de Enoque* — texto apócrifo — que a queda dos anjos é tratada com detalhes. Esse livro faz parte do conjunto de documentos intitulado *Manuscritos do Mar Morto*, que foi encontrado por um beduíno, em 1947, na região de Jericó, na Palestina.

do Talmude,[162] redigido depois do cativeiro de Babilônia.[163] Sobre as vidas sucessivas, ele refere uma conversa que teve com Campanella,[164] o qual lhe disse: "que seu mundo era já o Sol, um paraíso para onde iam os habitantes dos vizinhos planetas: Mercúrio, Vênus, Terra, Marte, Júpiter, Saturno, e que, pela depuração, aqueles Espíritos têm a lembrança de suas *existências anteriores*".[165]

Sobre o que se chamava "demônio", diz que todos os homens, desde que deixam o corpo, passam a ser demônios,[166]

---

[162] Compilação de estudos de leis e tradições judaicas. Há dois Talmudes, ambos redigidos em aramaico: um da Palestina (c. 400 a.C.), conhecido como Talmude de Jerusalém, e outro da Babilônia (c. 500), ao qual Bezerra de Menezes faz referência. Do hebraico *talmud*, que significa "estudo, ensino, doutrina".

[163] Referência ao desterro de hebreus para Babilônia, quando Nabucodonosor II, durante a expansão do Império Neobabilônio, tomou Jerusalém e escravizou grande parte de seus habitantes. Citado em várias passagens bíblicas, esse episódio, que durou de 586 a 539 a.C., é narrado em II Reis,24:10 a 16, no Velho Testamento. Os hebreus foram libertados depois que Ciro II, rei persa, assassinou Baltazar, o último rei babilônio. Localizada ao sul da Mesopotâmia (hoje no atual Iraque, próximo a Bagdá), Babilônia foi uma das mais importantes cidades da Antiguidade, sendo sua fundação atribuída aos acádios no século XXIV a.C. Hamurabi, o sexto rei da dinastia amorita, a tornou capital do Império Babilônio no século XVIII a.C.

[164] Giovanni Domenico Campanella (1568–1639), teólogo, filósofo e poeta italiano, tendo adotado o nome Tommaso Campanella após se tornar frei dominicano, em 1583.

[165] *Histoire comique des états et empires du soleil* (1662), que, com *Histoire comique des états et empires de la lune* (1657), compõe a obra *L'autre monde*. Ver *Œuvres de Cyrano de Bergerac* (Paris: Victor Lecou; Toulouse: Centrale, 1855, p. 347 e 348). Em *La Pluralité des existences de l'âme*, p. 214.

[166] Referência ao poema épico *Erga kai hemerai* (*Os trabalhos e os dias*), do poeta grego Hesíodo (séc. VIII a.C.), mais especificamente ao

e, como há homens bons e maus, há bons e maus demônios. Estes, segundo Plutarco,[167] se deleitam em girar ao derredor dos viventes, por um resto de amor que sentem pela passada natureza. Os bons nos incitam para o bem, do mesmo modo que os maus nos arrastam para o mal.[168] Sobre a queda dos anjos, refere o que já ficou dito: mera criação humana, como foi mais tarde criado pelos homens o purgatório, de que não há notícia nem no Velho nem no Novo Testamento.

Ainda quanto ao purgatório, pode-se dizer que foi criação de um concílio (o Tridentino),[169] que é infalível. Contra isso, porém, protesta Caussette,[170] que não pode

---

intervalo de versos que se conhece por *mito das cinco raças* (106-201). Em *Histoire comique des états et empires du soleil*, consta do prefácio de sua primeira edição, integrando *Les Nouvelles œuvres de monsieur de Cyrano de Bergerac* (Paris: Charles de Sercy, 1662). A autoria do prefácio é atribuída ao filósofo e físico Jacques Rohault, um dos maiores amigos de Cyrano. Ver *Histoire comique des états et empires de la lune et du soleil* (Paris: Adolphe Delahays, 1858, p. 137). Em *La Pluralité des existences de l'âme*, p. 211.

[167] (c. 46–120) filósofo e prosador grego, um dos mais antigos biógrafos de que se tem registro.

[168] Referência ao ensaio "De genio Socratis" (Do demônio de Sócrates), constante da obra denominada *Moralia* (ou *Obras morais*), conjunto de 78 escritos sobre filosofia, religião, moral, crítica literária e pedagogia. Consta do prefácio de *Histoire comique des états et empires du soleil* (ver nota 165). Em *La Pluralité des existences de l'âme*, p. 211.

[169] Ou Concílio de Trento, o décimo nono ecumênico, realizado de 1545 a 1563. Foi convocado pelo papa Paulo III para assegurar a unidade de fé e a disciplina eclesiástica.

[170] Jean-Baptiste Caussette (1819–1880), padre francês membro da congregação missionária do Sacré-Cœur, vigário-geral de Toulouse e primeiro reitor do Instituto Católico de Toulouse.

ser suspeito, nem aos ultramontanos,[171] pelas seguintes palavras: "A Igreja não compôs um único livro sagrado, porque ela não é inspirada; mas interpreta todos os livros inspirados, porque é assistida pelo Espírito Santo."[172, 173]

Caussette é a sombra de Bonniot,[174] o sábio chefe dos jesuítas, que dominam a Igreja Romana. Portanto, sua palavra tem o valor de uma encíclica. Se, pois, a Igreja não tem a divina inspiração para criar, porém sim para interpretar, donde o poder que se arrogou de criar o purgatório? Ou o mais notável apologético de nossos tempos deve ser condenado às chamas, ou a criação do purgatório foi um devaneio.

Passemos a Delormel.[175]

> Como não se pode admitir que o bem e o mal sejam casuais, tampouco que Deus seja injusto, fica evidente que a Terra traz seres que *já fizeram jus a um ou a outro*. Sem tal suposição, como explicar o fato de certos homens nascerem com enfermidades cruéis, viverem em constante sofrimento, ao passo que outros nascem perfeitos e vivem na plenitude dos

---

[171] Partidários do ultramontanismo, doutrina que defende a autoridade absoluta do papa em matéria de fé e disciplina.

[172] Na maioria das doutrinas cristãs, a terceira pessoa da Santíssima Trindade, sendo o dom divino que procede da união do Pai e do Filho.

[173] Em razão do tema, é possível que essa citação seja de *Le bon sens de la foi* (Paris: Victor Palmé, 1870), editada em dois volumes: I. "L'affirmation chrétienne"; II. "La négation antichrétienne".

[174] Joseph de Bonniot (1831–1889), jesuíta francês.

[175] Jean Delormel (?–?), advogado e professor francês. Em 1795, apresentou um projeto de língua universal na Convention Nationale, assembleia que aboliu a realeza na França e governou o país de setembro de 1792 a outubro de 1795.

gozos, acabando os primeiros na resignação e os segundos blasfemando? Esses globos que vivem acima de nós não serão nossas futuras habitações? Aí encontraremos distinção de virtudes e de vícios, de felicidades e de desgraças como aqui. Iremos, se o merecermos, a globos onde seremos cercados de maiores bens, mais inclinados à virtude, mais perfeitos enfim. Será talvez uma recompensa: termos na Terra a faculdade de conhecer o passado e, para alguns, a de penetrar o futuro. Poderemos chegar a mundos onde teremos mais perfeita essa dupla faculdade, ao ponto de nos lembrarmos do que agora fazemos e de prevermos o que poderemos ser *em outra existência*. E tudo isso, que não podemos explicar, senão à medida que mais merecermos *em novas vidas*, terminará com a mais pura e a mais inocente, pela qual entraremos na sociedade de Deus.[176]

Charles Bonnet,[177] o profundo pensador que, melhor do que nenhum outro, compreendeu a grandeza do universo e do plano da Criação, manifesta-se assim:

> O grau de perfeição a que o homem pode chegar está em relação direta com os meios de que dispõe para conhecer e agir. Esses meios estão, por sua vez, em relação com o *mundo em que habita*. Um estado mais desenvolvido das faculdades humanas não pode, pois, compadecer-se *com o mundo em que o homem deve passar os primeiros tempos da sua existência*. Essas faculdades são indefinidamente perfectíveis — e nós compreendemos que alguns dos meios naturais, *que as hão de aperfeiçoar um dia*, podem existir

---

[176] *La Grande période, ou le retour de l'Age d'Or* (Paris: Blanchon, 1790). Em *La Pluralité des existences de l'âme*, p. 221 e 222.

[177] (1720–1793) biólogo e filósofo naturalista suíço.

desde já no homem. Esses nossos sentidos encerrados na alma, como em embrião, estão em relação direta com o futuro mundo, que é a nossa verdadeira pátria, e podem ter relações particulares com outros mundos, *que nos seja permitido percorrer*, e onde recolheremos novos conhecimentos e novos testemunhos das infinitas liberalidades do benfeitor universal. De que sentimentos não será inundada nossa alma quando, depois de ter estudado a economia de um mundo, voar a outro e comparar as duas economias?! O progresso que tivermos feito aqui, quer em conhecimentos, quer em virtudes, determinará o ponto de que começaremos *na seguinte existência* e o lugar que nela ocuparemos. Haverá, pois, um fluxo perpétuo de todos os indivíduos da humanidade para uma maior perfeição ou maior felicidade, porque um grau de perfeição adquirido conduzirá um outro grau e porque a distância do criado ao incriado, do finito ao infinito é infinita. E eles tenderão continuamente para a suprema perfeição, sem jamais atingi-la.[178]

Em Du Pont de Nemours,[179] além da prova de que a crença nas penas eternas é uma verdadeira blasfêmia, encontram-se passagens positivas sobre a pluralidade de vidas:

> A lembrança da *vida precedente* seria um poderoso auxiliar *da que se lhe segue*. Alguns Espíritos superiores gozam,

---

[178] Parte XXII, "Légeres conjectures sur les biens a venir", de *La Palingénésie philosophique, ou Idées sur l'état passé et sur l'état futur de êtres vivans* (Genève: Claude Philibert; Barthelemi Chirol, tomo II, 1770, p. 415, 416, 421, 426, 443, 446). Em *La Pluralité des existences de l'âme*, p. 234, 235, 237, 239, 240, 247, 249.

[179] Pierre-Samuel Du Pont de Nemours (1739–1817), economista e político francês.

talvez, dessa vantagem, como recompensa *de sua passada virtude*, porque todo o bem produz bem. Não deve, porém, ela ser concedida aos que tenham merecido punição, ou não tenham chegado *ainda* à ordem dos seres cuja moralidade é superior, porque esses são provados pela justiça ou pela bondade de Deus, segundo suas forças, começando e *recomeçando essa carreira iniciadora da alta moralidade*. A estes se tem dito: tua pena está terminada, o passado está esquecido, faze-te mercê de esquecê-lo tu também. Bebe o Letes. Trata-se agora de saber se serás bom por ti mesmo, por amor à virtude e suas consequências imediatas, sem esperança certa no futuro, sem receio da *repetição do que sofreste*. Parte. Tenta o destino humano. Vai animar um feto.[180]

A nova prova é proporcional às faltas da *vida anterior*."[181]

"Eis um inferno proporcional aos delitos. Não eterno para erros que não duraram senão um momento. Não cruel e impiedoso, como o de um demônio caprichoso, implacável, feroz, mas equitativo e indulgente, como os castigos de um pai. Não se ouvem urros e ranger de dentes. É a mão de um Deus misericordioso, que perdoa, mesmo castigando, que põe ao alcance da criatura vir a Ele, corrigir-se, aperfeiçoar-se, merecer os seus benefícios, como um governo humano e sábio se ocupa de proporcionar aos prisioneiros da lei um ar puro e salubre, nutrição abundante e sã, trabalho útil e moralizador.[182]

---

[180] *Philosophie de l'univers* (Paris: Du Pont, 1793, p. 171 a 173). Em *La Pluralité des existences de l'âme*, p. 259 e 260.

[181] Em *La Pluralité des existences de l'âme*, p. 260.

[182] *Philosophie de l'univers*, p. 174 e175. Em *La Pluralité des existences de l'âme*, p. 260.

Ballanche,[183] o grande e profundo iniciador do movimento que dá o cunho ao nosso século,[184] vem emitir sua opinião na questão:

> Basta admitir que, saindo desta vida, nós não entramos em um estado definitivo, que toda criatura deve ir a seu fim, para chegarmos à conclusão de que, enquanto o destino humano não estiver completo, enquanto tivermos algum progresso a fazer, nada está acabado para nós. Ora, para nós, o complemento de nosso destino é a perfeição; para nós, como para todas as criaturas, porque, desde o princípio, Deus achou que suas obras eram boas; porque, de fato, cada uma contém em si a causa e o meio de seu desenvolvimento. Mas o homem, em razão de sua liberdade, é a quem cabe a maior perfeição. Logo, é impossível que tudo acabe com esta vida e que não haja *um outro estado de liberdade*, em que ele possa *continuar* a gravitar para sua perfeição relativa, *até que o consiga*.[185]

Se deve haver um novo estado de liberdade, não pode haver juízo definitivo depois da morte.[186] "Que é o que impede que o homem tenha existido muitas vezes? Por que

---

[183] Pierre-Simon Ballanche (1776–1847), escritor e filósofo francês.

[184] Bezerra de Menezes se refere aqui ao Simbolismo, movimento literário surgido na França, no final do século XIX, como reação ao Parnasianismo e ao Naturalismo, caracterizando-se por uma visão de mundo subjetiva, simbólica e espiritual.

[185] Parágrafo I (Prolégomènes pour Orphée) da segunda parte de *Essais de palingénésie sociale* (Paris: Jules Didot Ainé, tomo I, 1827, p. 96-97). Em *La Pluralité des existences de l'âme*, p. 274 e 275.

[186] Apesar de, já em *Reformador*, este trecho aparecer entre aspas, como parte da citação, tudo indica tratar-se de comentário de Bezerra de Menezes.

não poderei dar no mundo os passos necessários ao meu aperfeiçoamento?"[187]

Friedrich Schlegel,[188] combatendo os erros da metempsicose, diz:

> Seu lado são e o elemento de verdade que ela encerra é o sentimento inato com o coração humano de que, uma vez separados e atirados longe de Deus, temos que subir longa, penosa e rude escarpa e que sofrer duras provas, a fim de nos aproximarmos da fonte única de todo o bem. A isso é preciso ajuntar a convicção íntima e a certeza firme de que nada penetrará no reino puro da Soberana Perfeição, sem estar escoimado das impurezas e das máculas terrestres, e de que, portanto, não se reunirá a Deus, na eternidade, nossa alma, essa substância imortal, sem que se tenha purificado e destarte se elevado a uma perfeição *progressiva* e superior.

"Neste mundo", acrescenta, "não há para o homem senão a esperança. A via necessária à sua reparação é longa e penosa e ele não a vence senão *a passo lento e sucessivo*, não podendo, embora empregue todo o esforço, galgá-la *de um salto* ou evitá-la".[189]

---

[187] Quanto a esse trecho, parece ter Bezerra de Menezes deixado escapar a referência: Gotthold Ephraim Lessing (1729–1781), em *De l'education du genre humaine* (Paris: Librarie Philosophique de Ladrange, 1857, § XCIV/XCVI, p. 35 e 36), com tradução de Joseph Tissot. Original alemão: *Die Erziehung des Menschengeschlechts* (1777). Em *La Pluralité des existences de l'âme*, p. 277.

[188] Karl Wilhelm Friedrich von Schlegel (1772–1829), filósofo, crítico literário e tradutor alemão.

[189] Lições IV e V de *Philosophie der Geschichte: in achtzehn Vorlesungen gehalten zu Wien* (1828), original alemão. Edição francesa: *Philosophie de l'histoire, professée en dix-huit leçons publiques à Vienne* (Paris:

Saint-Martin,[190] o grande teósofo, assim se exprime:
"O homem, depois de sua queda, é sujeito a uma *contínua transmutação em diferentes e sucessivos estados*; entretanto que o primeiro Autor de tudo o que existe foi e será o que é e devia ser."[191]

E acrescenta:

> Nosso ser pensante deve aspirar a imensos desenvolvimentos, desde que sai da prisão corporal, onde toma uma forma iniciadora. Entrevejo uma lei sublime. Mais as proporções se aproximam de seu termo central e gerador, mais se tornam grandes e poderosas. Essa maravilha que nos permites entrever, oh! verdade divina! satisfaz ao homem que te ama e te procura. Ele vê em paz sucederem-se seus dias e vê isso com prazer e com entusiasmo, porque sabe que *cada volta da roda do tempo* o aproxima dessa proporção sublime, que tem Deus por primeiro de seus termos.[192]

O que há nisto de obscuro fica esclarecido pelas seguintes passagens:

> A morte não pode ser considerada senão como um descanso em nossa viagem. Chegamos a esse descanso com a equipagem

---

Parent-Desbarres, tomo I, 1836, p. 168-192), com tradução de L'Abbé Lechat. Em *La Pluralité des existences de l'âme*, p. 277 e 278.

[190] Louis-Claude de Saint-Martin (1743–1803), pensador francês versado em ocultismo. Escreveu vários livros sob o pseudônimo Filósofo Desconhecido.

[191] Capítulo 8 de *Tableau naturel des rapports qui existent entre Dieu, l'homme e l'Univers* (Edimbourg: s.n., 1782, p. 136). Em *La Pluralité des existences de l'âme*, p. 278.

[192] Capítulo 220 de *L'Homme de désir* (Londres: Société Philosophique, 1808, p. 312). Primeira edição em 1790, em Lyon. Em *La Pluralité des existences de l'âme*, p. 278 e 279.

fatigada e desarvorada e vimos aí para tomar outra, fresca e em estado de nos levar *mais longe*. É preciso, porém, pagar aí tudo que devemos pela viagem que fizemos e, antes que tenhamos saldado nossas contas, não nos é permitido empreender *novo curso*.[193]

Balzac,[194] o profundo analista, diz:

Depois de te experimentado o vácuo e o nada [a alma depois da morte], volta os olhos para o bom caminho. É então a vez de *novas existências*, para chegar à estrada onde brilha a luz. A morte é o descanso dessa viagem e as experiências se fazem, então, em sentido inverso. É preciso, muitas vezes, *toda uma vida* para adquirir as virtudes opostas aos erros em que *precedentemente viveu*. Assim, vem a *vida* em que sofre e cujas torturas trazem a sede do amor; vem depois *aquela* em que ama e em que o devotamento pela criatura arrasta ao devotamento pelo Criador, em que as virtudes do amor, seus mil martírios, sua angélica esperança, suas alegrias seguidas de dores, sua paciência, sua resignação, excitam o apetite das coisas divinas. A essa segunda vida segue-se *a* em que se torna humilde e caridosa. Depois vem *a* em que se abrasa em desejos. Por fim chega *a* em que ora. Além está o eterno meio-dia,[195] além as flores, o cobiçado fruto. As qualidades adquiridas e que se desenvolvem lentamente em nós são laços invisíveis, que ligam umas às outras *todas as nossas existências* e de que só

---

[193] *Œuvres posthumes* (Tours: Letourmy, tomo I, 1807, p. 286), editado por Nicolas Tournyer. Em *La Pluralité des existences de l'âme*, p. 279.
[194] Honoré de Balzac (1799–1850), escritor francês.
[195] O esplendor.

a alma se lembra, porque a matéria não pode lembrar-se de coisa alguma espiritual.[196]

Constant Savy[197] sustenta indiretamente a doutrina da pluralidade das existências, atacando a das penas eternas, que lhe é oposta. Diz ele:

> O dogma das penas e recompensas, tal como nos é ensinado, nasceu de uma falsa apreciação da Divindade. O homem fez a justiça de Deus semelhante à da Terra, porque não tinha de seu Criador senão uma grosseira ideia. Esse dogma, que pode ter sido vantajoso no império da carne, perpetuou-se no espírito das massas, pela ignorância que lhe tinha dado nascimento. Hoje e já há longo tempo, ele está sem força. A máxima parte não lhe presta fé e o resto o tem em dúvida. Fez seu tempo, como tudo que é do homem. O sentimento moral, ainda que pouco desenvolvido, já o é suficientemente para acolher ideias mais justas sobre a Divindade e suas relações com a humanidade. O dogma que maior mal tem feito à religião é o das penas e recompensas, pela falta de desenvolvimento na medida do progresso do espírito humano

---

[196] Capítulo *Le chemin pour aller a Dieu* de *Séraphita*, romance que teve quatro capítulos publicados na *Revue de Paris*, nos números de 1º de junho e de 19 de julho de 1834. Depois disso, o texto contou com seis edições, sofrendo algumas modificações. A primeira versão foi apresentada no tomo II de *Le Livre mystique*, sendo que o tomo I trazia outros dois romances de Balzac, *Les Proscrits* e *Histoire intellectuelle de Louis Lambert*. Em 1846, em versão final, foi incluído no tomo XVI de *La Comédie humaine* (*Études philosophiques*). Ver *Le Livre mystique* (Bruxelas: J. P. Meline, tomo II, 1836, p. 228 e 229). Em *La Pluralité des existences de l'âme*, p. 293 e 294.

[197] Joseph-Constant Savy (1797–?), professor de direito e advogado francês.

em relação ao conhecimento do verdadeiro Deus. Sobre a liberdade do homem se apoiam, para provarem a realidade da punição e da recompensa, que a justiça divina lhe reserva, algumas vezes neste mundo e sempre no outro. É sobre essa liberdade que me apoio, precisamente, para provar que isso é um dos mil erros dos tempos passados.

Em que consiste essa liberdade? Por que foi ela dada ao homem? Eis o pensamento de Deus, tal como Ele mo[198] revelou e o tem revelado a todos os que se esforçam por conhecê-lo e amá-lo:

'Nenhuma das virtudes que fazem meu Ser pode ficar sem manifestação. Do contrário Eu não seria, porque minha vida não seria completa. Que exista, pois, um ser, imagem minha, ao mesmo tempo que um pensamento saído de mim — e, para isso, que tenha ele uma chispa de minha inteligência, unida a um corpo, porque minha inteligência é unida ao universo. Que tenha, em parte, a consciência da vida, porque Eu tenho a consciência perfeita do meu Ser. Que tenha também um raio da minha liberdade, porque Eu sou a vontade soberana. Que, por essas duas faculdades, o fogo divino, que Eu ponho nele, viva eternamente do alimento que souber escolher. Que ele se estenda de mais em mais pelas conquistas que fizer sobre a minha inteligência, espalhada por todo o universo, e, por esse meio, que viva na eternidade, sem se confundir com as outras inteligências nem comigo. Que, por sua atividade, cresça e se aproxime do foco donde saiu e, de simples chispa, se torne de mais em mais, *no correr dos séculos*, uma luz brilhante, digna de mim. Que a sua liberdade não possa jamais conduzi-lo à perfeição, porque, então, ele cessaria de ser, para entrar em mim e Eu quero que ele conserve, por todo o

---

[198] Forma contrata dos pronomes "me" e "o", que imprime nesta oração o seguinte sentido: "tal como Ele o revelou a mim".

sempre, o sentimento de sua existência, porque Eu tenho o do meu poder. Que seja sempre imperfeito e que, para isso, sua liberdade seja limitada por esta vontade de seu Deus. Que exista, pois, um ser cujo *desenvolvimento progressivo* seja sujeito às minhas leis e dependa ao mesmo tempo da liberdade que lhe dou. Que esse desenvolvimento seja seu trabalho, porque ele não pode ficar ocioso, visto que o movimento é a vida, porque minha vida *é criar sem cessar*, pelo movimento contínuo da matéria e da inteligência submetidas à minha lei.'

'E, como ele sucumbirá muitas vezes ao mal e *Eu quero que marche para mim, seja-lhe a eternidade meio de fazer sua vida, reparar suas faltas e levantar-se das quedas que der por seus erros*. Que, para ajudá-lo nesse trabalho *sem fim*, tenha ele o arrependimento e o remorso, que lhe farão renunciar a suas faltas, e que sinta, para animá-lo ao bem, a aura da felicidade, quando praticar uma boa ação. Que espere sempre em mim, para que sinta que *é sempre tempo de voltar à virtude*.'

'Se ele não tiver essa esperança, a enormidade de suas faltas o esmoreceria e ele se afundaria, cada vez mais, no abismo do erro; entretanto que *Eu quero que não haja para ele nem eternidade de males, nem de bem sem mescla*, porque ele cessaria de ser livre e o uso da liberdade não lhe pode ser tirado, sem que acabe imediatamente. Que não haja, pois, uma posição na eternidade, em que sua liberdade *seja encadeada*, porque ele cessaria de agir, de *melhorar*, de *desenvolver-se*. Que trabalhe *sem cessar* nesse desenvolvimento, pois que a lei do universo é: que nenhum ser possa achar repouso, porque o movimento é a *vida e a vida, o desenvolvimento de tudo que foi criado*. Que exista, pois, esse ser.'"

"E esse ser existiu: Deus criou o homem."[199]

Ainda mais positivo:

As penas e recompensas, porque nós as experimentamos realmente, não são senão o resultado direto e imediato do conjunto da vida do homem e não consistem senão em sua marcha mais ou menos ativa para o aperfeiçoamento, com pequenas ou grandes dores. É esta conquista que será a recompensa de nossas vidas militantes, como a privação desse desenvolvimento de felicidades será o castigo de nossas vidas de fraqueza, de ignorância e de deboches.

Ensina-se que o túmulo é o termo da marcha do homem na eternidade, que a outra vida é a última e que ele será eternamente feliz ou desgraçado. Se é assim, o homem cessa de ter liberdade para aproveitar as lições da experiência, para melhorar. Se é eternamente desgraçado, não poderá mais erguer-se de suas quedas, será acabrunhado de males milhões de vezes maiores que suas faltas, será punido por uma eternidade de desgraças por uma vida mal empregada [...]. Seu castigo não será, pois, senão a vingança de uma cólera cega e insensata, pois que será inútil, pois que nada mais poderá em bem de seu melhoramento.[200]

---

[199] *Pensées et méditations philosophiques* (Paris: Desforges, 1838), obra divida em três partes: "Dieu et l'homme en cette vie et au dela", "Commentaire du Sermon sur la Montagne" e "Pensées". Em *La Pluralité des existences de l'âme*, p. 296 a 299.

[200] *Ibidem*. Em *La Pluralité des existences de l'âme*, p. 299.

Fourier,²⁰¹ o criador da escola falansteriana,²⁰² se manifesta assim:

> Onde o velho que não queira estar seguro de *renascer* e de levar à *futura existência* a experiência do presente? Pretender que esse desejo deva ficar sem realização é admitir que Deus nos pode enganar. É preciso reconhecer que *já temos vivido antes de sermos o que somos* e que *muitas outras vidas* nos esperam e outras em uma esfera superior, ou extramundana, com um corpo mais sutil e sentidos mais delicados.²⁰³

Passemos dos que estudaram a matéria aos que a trataram como amadores.

La Codre,²⁰⁴ falando do aperfeiçoamento das almas, diz:

---

²⁰¹ Charles Fourier (1772–1837), filósofo e economista político francês que foi um dos idealizadores do chamado socialismo utópico.

²⁰² Relativo a falanstério, pequena organização comunitária baseada em um modelo de convivência social no qual são defendidas a propriedade coletiva e a liberdade sexual. O termo *phalanstère*, em francês, provém da aglutinação de *phalan[ge]* + *[mona]stère*, isto é, de falange + monastério.

²⁰³ Este trecho faz parte de citação livre do tomo II de *Théorie de l'unité universelle* (1822), realizada no *Dictionnaire des sciences philosophiques* (Paris: L. Hachette, tomo IV, 1849, p. 252, verbete *métempsychose*), dirigido por Adolphe Franck. Para texto original, ver *Œuvres completes de Ch. Fourier* (Paris: Société pour la Propagation et pour la Réalisation de la Théorie de Fourier, 2. ed., tomo III, 1841, p. 304 a 347), no capítulo intitulado "Thèse de l'immortalité bi-composèe, ou des attractions proportionnelles aux destinées essentielles". Em *La Pluralité des existences de l'âme*, p. 315 e 316.

²⁰⁴ Joseph-Michel de La Codre de Beaubreuil (1798–1880), advogado e escrivão francês.

Se, para qualificar essa doutrina, a palavra *progresso* vos parecer muito pretensiosa, designemo-la e as minhas considerações de *teoria da continuação*, continuação dos trabalhos do espírito humano, continuação da vida humana *em outras regiões do universo*. E, se quiserdes conhecer a ideia que faço dessa continuação gradual e das conveniências que a harmonizam com as leis providenciais, lede os *Recueillements poétiques*, de Lamartine.[205, 206]

De Brotonne[207] pensa assim:

O que não é vedado supor e melhor concilia nossas esperanças com as noções acessíveis de um futuro inacessível é a *passagem sucessiva e remuneradora a estados superiores*, no seio dos quais o limite material atenuado deixaria ao espírito *elastério para o infinito que o atrai*.[208]

E acrescenta:

"*O acesso a mais puros mundos* pode ser reservado ao homem, como um fim à tendência que o arrasta para o belo e para o bem,

---

[205] Alphonse-Marie-Louis de Prat de Lamartine (1790–1869), escritor, historiador e político francês. O livro citado, publicado em 1839, trata-se de um compêndio de poemas do autor.

[206] Ver *Immortalité, bonheur, traité de philosophie pratique* (Paris: Jules Renouard, 1853), ou *Alcime, esquisses du Ciel* (Paris: Joël Cherbuliez, 1860), ou *Le Ciel* (Paris: Joël Cherbuliez, 1856–1858). Em *La Pluralité des existences de l'âme*, p. 327.

[207] Frédéric-Pascal de Brotonne (1797–1865), bibliotecário francês, tendo sido conservador da Bibliothèque Sainte-Geneviève, em Paris.

[208] Capítulo X do livro I (*De l'activité humaine, étudiée dans ses sources et dans son but*) de *Civilisation primitive, ou essai de restitution de la période antehistorique* (Paris: Charles Warée, 1845, p. 60). Em *La Pluralité des existences de l'âme*, p. 328.

como prêmio da luta penosa e perseverante contra as grosseiras condições que obscurecem sua alma. A matéria ou a forma será *menos pesada, à medida que tivermos progredido* na luta contra o organismo,[209] à medida que tivermos penetrado na ciência e na moralidade. Se a recompensa, ou o estado futuro, de que adivinhamos os esplendores, é na razão da nossa tendência para o que é grande e belo, a conduta de cada indivíduo, na Terra, tem sua recompensa traçada previamente, segundo a natureza e a extensão de seus esforços. Mais tenhamos combatido *nas primeiras provas, mais será elevada a ordem que nos caberá*, mais teremos subido *os degraus da imensa escada que temos de percorrer."*[210]

Pelletan[211] crê que "o homem *irá sempre de sol em sol, subindo sempre*, como sobre a escada de Jacó, *os degraus hierárquicos das existências* e passando, segundo o seu merecimento e progresso, de homem a anjo, de anjo a arcanjo".[212]

Jouffroy[213] hesita entre as duas hipóteses: a de achar o homem, logo que deixe a vida terrestre, a completa satisfação

---

[209] Em todas as edições de *Uma carta de Bezerra de Menezes*, desde a sua publicação em *Reformador*, vê-se a palavra "egoísmo" no lugar de "organismo", provavelmente por equívoco de interpretação do tipógrafo da época. Note-se que em *Civilisation primitive* se lê: "La matière ou la forme sera moins pesante dans la proportion des progrès que nous aurons faits dans la lutte contre l'*organisme*, à mesure que nous aurons pénétré dans la science et dans la moralité."

[210] Capítulos XVI e XXIII do livro I de *Civilisation primitive, ou essai de restitution de la période antehistorique*, p. 89 a 126. Em *La Pluralité des existences de l'âme*, p. 328 e 329.

[211] Eugène Pelletan (1813–1884), escritor, jornalista e político francês.

[212] Capítulo XXXI de *Profession de foi du dix-neuvième siècle* (Paris: Pagnerre, 1852, p. 427). Em *La Pluralité des existences de l'âme*, 331.

[213] Théodore Simon Jouffroy (1796–1842), filósofo francês.

de todas as necessidades da sua natureza moral — e a de não chegar a essa satisfação senão *pouco a pouco*, passando por *muitas vidas sucessivas*.²¹⁴

Eis como ele se exprime:

"A outra vida será única ou múltipla? Será uma sucessão de vidas, em que diminui progressivamente o obstáculo, ou seremos mergulhados, deixando a vida terrestre, em uma vida sem obstáculos?"²¹⁵

Pelo seguinte trecho se verá o que aquele profundo espírito preferiu entre as duas hipóteses:

> A cada progresso, nossa alma tem a visão mais clara e mais distinta de Deus, aproxima-se do foco da atração celeste, que a arrasta para o bem, sem contudo obrigá-la. Mais a alma conhece a Deus, mais ama e se eleva para Ele, por ato completamente livre de sua vontade, sem que lhe seja possível decair. Numa ascensão progressiva, porém, a alma não atinge o absoluto."²¹⁶

Franck,²¹⁷ o sábio membro do Instituto,²¹⁸ consagra com sua opinião a doutrina das vidas múltiplas, combatendo a das penas eternas:

---

²¹⁴ Em *La Pluralité des existences de l'âme*, p. 331 e 332.

²¹⁵ Trigésima lição de *Cours de droit naturel* (Paris: L. Hachette, 3. ed., tomo II, 1858, p. 381). Em *La Pluralité des existences de l'âme*, p. 332.

²¹⁶ Referência não localizada. Em *La Pluralité des existences de l'âme*, p. 332.

²¹⁷ Adolphe Franck (1809–1893), filósofo francês do Espiritualismo eclético que dirigiu os trabalhos da obra *Dictionnaire des sciences philosophiques* (1844–1852), em seis tomos.

²¹⁸ Em 1844, foi eleito membro do Institut de France (Académie des Sciences Morales et Politiques), em reconhecimento de seus livros *Esquisse d'une histoire de la logique* (1838) e *La Kabbale, ou la philosophie religieuse des hébreux* (1843).

Conduzir a alma à saúde, lavá-la de suas manchas, erguê-la de suas quedas, revesti-la de nova força para que marche com passo firme nas vias que franqueou e para que mais facilmente alcance a perfeição moral que desdenhou não é a única eficácia que se possa conceber na pena, quando o ser que a inflige tem para agir sobre a alma o poder e a inteligência infinitos?[219]

A Justiça de Deus é inseparável de sua sabedoria e de sua misericórdia. É preciso, pois, que não se represente a outra vida cheia de suplícios arbitrários, cujo fim seja mais vingança do que expiação.[220]

Callet[221] se manifesta no mesmo sentido:

O perdão é para nós o fim da justiça e, se sobre essas elevadas planícies, aonde nos leva a imaginação e onde se arrasta, gemendo, o pecador, em lugar de perdão, nos mostram ódio chamejante, está tudo acabado. O terror chega ao cúmulo e a razão se perturba. Todas as ideias de justiça e de bondade se desfazem. Cai-se crente e levanta-se ateu. Se existe tal inferno, não se compreendem no outro mundo senão as blasfêmias dos danados; mas, se isto existe, para que serve o purgatório?[222]

---

[219] *Dictionnaire des sciences philosophiques* (Paris: L. Hachette, tomo IV, 1849, p. 605, verbete *pénalité*). Em *La Pluralité des existences de l'âme*, p. 333.

[220] Idem, verbete *juste, justice*. Em *La Pluralité des existences de l'âme*, p. 333-334.

[221] Auguste Callet (1812–1883), jurista e político francês.

[222] Item II (Le purgatoire) do capítulo II (*La foi nouvelle*) da primeira parte (L'Enfer considéré de ce côté-ci de la tombe ou l'homme et a société des vivants en face de l'Enfer) de *L'Enfer* (Paris: Michel Lévy Frères, 1861, p. 57 e 58). Em *La Pluralité des existences de l'âme*, p. 339.

Deus é justiça e misericórdia conjunta e indistintamente. Há sempre um fundo de misericórdia nos atos de sua justiça e um fundo de justiça nos de sua misericórdia. Sem ofendê-lo, não se pode dizer que Ele seja misericordioso sem justiça para uns e justo sem misericórdia para outros. Deus é justo para os eleitos, porque, se a salvação desses fosse gratuita, efeito da complacência divina, iníqua seria a punição dos pecadores. Há, pois, na glória dos bem-aventurados, tanta justiça quanto misericórdia.[223]

Mas, se Deus é justo para com os eleitos, por que não ser misericordioso para com os pecadores? Vós me apontais sua misericórdia no Céu e eu vejo aí também sua justiça. Vós me apresentais sua justiça no inferno e eu procuro aí também sua misericórdia. E ela não faltará. Vossa condenação, no vosso inferno, arrasta a necessidade lógica e invencível de ali se ofender a Deus e maldizê-lo! Isso é impossível! Quererá o Senhor que se o ultraje por toda a eternidade? Não quererá, pelo contrário, ser adorado e abençoado por todas as criaturas? Os santos o adoram na alegria, e os mortos que Ele castiga o adoram no sofrimento, porque sabem que esse sofrimento *acabará*. Tomo por testemunho o Evangelho, todo impregnado das chamas do amor divino, do amor do próximo e do orvalho misericordioso do perdão.[224]

Aí vão dois trechos de Esquiros:[225]

---

[223] Item VI do capítulo V (*Sursum corda*) da segunda parte (L'Enfer considéré de l'autre côté de la tombe ou les damnés devant Dieu, devant les saints et devant les hommes) de *L'Enfer*, p. 223 e 224. Em *La Pluralité des existences de l'âme*, p. 340.

[224] Item VII do capítulo V da segunda parte de *L'Enfer*, p. 224 e 225. Em *La Pluralité des existences de l'âme*, p. 340 e 341.

[225] Alphonse Esquiros (1812–1876), escritor e político francês.

"Tudo aqui se concentra em seu egoísmo, reduz nesta e nas *futuras existências* os limites de sua natureza moral e amontoa, em derredor de si, trevas que o envolverão em seus destinos ulteriores."[226]

"Ocupemo-nos agora daqueles que, tendo completado, em uma ou *em muitas existências sucessivas*, uma primeira ordem de provas, se acham evocados a uma vida diferente da nossa."[227]

Ouçamos o católico romano d'Orient,[228] que escreveu quatro volumes[229] para provar que o magnetismo é obra do demônio e que todas as manifestações espíritas são coisas satânicas, mas que também escreveu *Destinos da*

---

[226] Capítulo III (*Des châtiments et des récompenses*) do livro III de *De la vie future au point de vue socialiste* (Paris: Comon, 1850, p. 127). Em *La Pluralité des existences de l'âme*, p. 343.

[227] Capítulo V (*De l'état des hommes après la mort*) do livro III de *De la vie future au point de vue socialiste*, p. 136. Em *La Pluralité des existences de l'âme*, p. 344.

[228] Arcade d'Orient Vial (1790–1877), escritor e negociante francês. Apesar de a Biblioteca Nacional da França e alguns livros, entre eles *Dictionnaire des pseudonymes* (Paris: E. Dentu, 2. ed., 1869, p. 250), de Georges d'Heylli, se referirem a A. d'Orient como o pseudônimo de um desconhecido *monsieur* Vial, está relatado biograficamente que esse é seu nome de batismo em *Excentriques disparus* (Paris: Savine; Toulouse: Privat, 1890, p. 89 a 97), de Simon Brugal, pseudônimo Firmin Boissin.

[229] Referência aos quatro primeiros dos oito volumes de *Accomplissement des prophéties* (Paris: Comon, 1847–1860): I. *Histoire abrégée de l'Église jusqu'à la fin des temps* (1847); II. *Prédictions sur l'avenir de l'Église* (1849); III. *Philosophie du magnétisme* (1850); IV. *État de l'Église pendant et après l'Antéchrist, avec ce qui doit advenir du socialisme* (1852).

alma,²³⁰ onde sustentou a ideia da preexistência e das vidas sucessivas!²³¹

Tratando, naquela obra, das desigualdades que se notam de homem para homem; uns infelizes, outros venturosos, uns pobres, outros ricos, uns perfeitos, outros defeituosos, d'Orient diz:

> Que causa mais justa e mais razoável se poderá assinar a essas desigualdades, do que *a mesma desigualdade de expiações, que cada uma das almas precisa fazer, por seus pecados anteriores?* Em outros termos: *a diversidade dos méritos e deméritos que elas têm feito em uma primeira existência?*²³²

Tratando dos meninos que morrem sem o batismo e que por isso vão para o inferno, segundo Santo Agostinho, diz d'Orient:

> Pois que Deus não pode condenar a quem não pecou, é de rigor, diz Santo Agostinho, que *eles cometeram alguma falta*.²³³ Temos, pois, pela própria confissão do santo e sábio varão, duas importantes verdades: primeira, que todas as crianças que nascem têm pecados; segunda, que suas almas

---

²³⁰ Em francês, *Des destinées de l'âme, ou de la Résurrection, de la prescience et de la métempsycose* (Paris: Comon, 1846).

²³¹ Em *La Pluralité des existences de l'âme*, p. 351.

²³² *Des destinées de l'âme*. Em *La Pluralité des existences de l'âme*, p. 353.

²³³ Em *De peccatorum meritis et remissione et de baptismo parvulorum ad Marcellinum* (livro III, cap. IV, item 7), um dos primeiros escritos polêmicos de Santo Agostinho.

não sendo tiradas da de Adão,[234] esse pecado em virtude do qual são justamente condenadas, quando perdem a vida sem a remissão do batismo, não pode ser o pecado de Adão. Se o pecado, que a faz condenar justamente, não é o pecado de Adão, só faltou ao sábio doutor dizer que aquelas almas pecaram pessoalmente *em uma vida anterior*. É isso o que sustentamos, mas o doutor da graça raciocina diversamente. Pois que são condenadas, diz ele, e, portanto, culpadas, não podendo Deus condenar injustamente, é preciso reconhecer que elas têm contraído, pelo ato de simples nascimento, o pecado original de Adão — e que é esse pecado do primeiro homem que torna danada toda a raça humana. Vê-se que Santo Agostinho pretende provar, pela punição admitida como artigo de fé, a transmissão do pecado original a todos os descendentes de Adão, sem, entretanto, provar a justiça da punição, que serve de fundamento à transmissão, que ele mesmo declara incompreensível.[235]

D'Orient esqueceu-se de perguntar o que ficam valendo, diante daquela transmissão *incompreensível*, as palavras do Senhor, que dizem: "O pai não paga pelo filho, nem o filho pelo pai, mas paga cada um por suas próprias obras."[236]

---

[234] Segundo o Gênesis (1:26 e 27; 2:4 a 7) o primeiro homem. O nome Adão provém do termo hebraico *ha-adam*, que significa "o homem", derivação de *ha-adamah*, "a terra". Aqui o autor traça um paralelo com o pecado original, ou pecado adâmico, no qual as doutrinas judaico-cristãs se baseiam para explicar a imperfeição humana e a existência do mal.
[235] *Des destinées de l'âme*. Em *La Pluralité des existences de l'âme*, p. 356
[236] Referência a versículo bíblico de Deuteronômio, 24:16. Consta também de II Reis, 14:6, II Crônicas, 25:4 e Ezequiel, 18:20.

Não posso passar de d'Orient, sem transcrever este trecho de sua obra citada:

"*Uma doutrina* [a da pluralidade de existências] *que responde satisfatoriamente a todos os fatos, que explica sem dificuldade todos os fenômenos da nossa existência neste mundo não pode deixar de ser verdadeira.*"[237]

O eminente filósofo Jean Reynaud[238] é francamente partidário da doutrina das vidas sucessivas:

> Nós começamos *por um simples ponto*, a que vão progressivamente aderindo todas as grandezas do universo.
>
> Somente é preciso achar um meio de compensar *essas vidas* perturbadas. Seria pouca coisa, com efeito, termos a certeza de que *nenhuma de nossas quedas nos perderá definitivamente*, se nos sentíssemos condenados a ficar presos indefinidamente a *existências tão miseráveis* como esta. Fazer eternamente carreira sobre a Terra, com as mesmas chanças contrárias e com a mesma incerteza de si, não é um destino de meter inveja. É preciso, pois, acabar com *esses nascimentos* de baixa condição, marcados pelo pecado, quanto ao passado, e comprometedores, quanto ao futuro, e tomar pé em melhores regiões.
>
> Que magníficas claridades não espalha sobre a ordem natural da Terra o conhecimento de *nossas existências* anteriores. Assim, é a memória o traço luminoso que assinala o nosso caminho. Morremos e tudo se obscurece. *Renascemos* — e a claridade, como uma estrela por entre brumas, começa a cintilar. Vivemos — e ela se desenvolve, cresce, toma sua

---

[237] *Des destinées de l'âme*. Em *La Pluralité des existences de l'âme*, p. 361.
[238] Jean-Ernest Reynaud (1806–1863), além de filósofo, engenheiro de minas e político francês.

primitiva força. Depois, de repente, apaga-se de novo — e de novo reaparece. De eclipse em eclipse, prosseguimos em nossa marcha, e essa marcha, interrompida por periódicos obscurecimentos, é contínua: *sempre nos sucedemos a nós mesmos, sempre trazemos em nós o princípio do que seremos mais tarde, sempre subimos.*

Não sabemos onde nascemos, da mesma sorte que não sabemos para onde somos levados. Sabemos, porém, que *vimos de baixo e que marchamos para cima.* E, agora, imaginemos os tesouros infinitos de um Espírito enriquecido pelo que colheu *em uma série inumerável de existências,* inteiramente diferentes umas das outras e, entretanto, admiravelmente ligadas por uma contínua dependência. A essa maravilhosa cadeia de metempsicoses, atravessando o universo com estadia em cada mundo, ajuntemos, se tal perspectiva nos parecer digna de nossa ambição, a percepção lúcida da influência particular de nossa vida sobre as mudanças ulteriores de cada um dos mundos *que tivermos sucessivamente habitado.* Abrilhantemos nossa vida imortalizando-a e consorciemos nobremente nossa história com a do Céu.

Nascer não é começar, é mudar de forma.[239]

A teodiceia que tentei esboçar com o título de *Terra e Céu*[240] é bem simples e, para acabar de esclarecê-la, bastar-me-á fazer-lhe a síntese: Refletindo sobre o espetáculo do universo, tal qual se nos apresenta, parece-me que nosso espírito se acha naturalmente arrastado a reconhecer que existe uma

---

[239] *Terre et Ciel* (Paris: Furne, 1854). Em *La Pluralité des existences de l'âme*, p. 365 a 368.

[240] *Terre et ciel,* com primeira edição em 1854. Na forma de um diálogo entre um teólogo e um filósofo, trata do princípio da preexistência do homem e de sua sobrevivência em outros astros, rejeitando o dogma das penalidades eternas.

primeira série de mundos, mais ou menos análogos à Terra, nos quais as almas, em iniciação da carreira infinda que diante delas se abre, ainda débil e frouxamente adesas a Deus, se acham expostas ao regime da tentação, a que sucumbem ou resistem. De um para outro daqueles mundos se aperfeiçoam, pouco a pouco, por meio de provas sempre em relação com seu grau de fraqueza e de culpabilidade, e, depois de labores mais ou menos prolongados, chegam, enfim, a merecer a entrada nos mundos da alta série. Aí se efetua a libertação completa de todo o mal; reina aí o amor do bem com intensidade tal que ninguém pode mais desmerecer e, pelo contrário, são todos animados do desejo de se elevarem e, ajudados em seus esforços pela graça incessante de Deus e pelo socorro das sociedades bem-aventuradas, em cujo seio vivem, desenvolvem a atividade de todas as suas virtudes e se aproximam, por *um contínuo progresso*, mais ou menos rápido, segundo a energia de cada uma, do tipo infinito da perfeição.[241]

Chega a vez de Camille Flammarion.[242]

Nossa morada terrestre é um lugar de trabalho, onde vimos perder um pouco da nossa ignorância original e elevar nossos conhecimentos. O trabalho sendo a lei da vida, é preciso que

---

[241] *Réponse au concile de Périgueux* (Paris: Furne, 1858), escrito em razão de *Terre et Ciel* ter sido condenado por esse concílio em 1856. Consta, como apêndice, da quarta edição de *Terre et Ciel* (Paris: Furne, 1864, p. 17-18). Em *La Pluralité des existences de l'âme*, p. 374.

[242] Nicolas Camille Flammarion (1842–1925), astrônomo francês. Após descobrir em uma livraria *O livro dos espíritos*, em 1861, e constatar que se harmonizava com os estudos que vinha desenvolvendo sobre a pluralidade dos mundos habitados, procurou Allan Kardec e passou então a frequentar as reuniões da Société Parisienne des Études Spirites, tornando-se espírita convicto.

neste universo, onde a atividade é função dos seres, o homem nasça em estado de simplicidade e ignorância. É preciso que ele *comece*, em mundos pouco avançados, pelas obras elementares; é preciso que a *mundos mais elevados* chegue com um certo pecúlio de conhecimentos; é preciso, enfim, que a felicidade, *a que todos aspiramos*, seja o preço do nosso trabalho e o fruto do nosso valor."

Se há muitas habitações na casa de nosso Pai, não são elas, por certo, leitos de repouso, senão estações onde as faculdades da alma se exercitam em toda a sua atividade e numa energia mais ou menos desenvolvida. São *regiões* cuja opulência cresce sempre e onde se *aprende* a melhor conhecer a natureza das coisas, a melhor *compreender* a Deus, em seu poder, a melhor adorá-lo, em sua glória e em seu esplendor.[243]

As terras suspensas no Espaço, temo-las considerado como estações do Céu e como *regiões futuras de nossa imortalidade*. Está aí a casa do Pai com muitas habitações, a morada de nossos progenitores, que *será a nossa* um dia.[244]

Toda crença, para ter o cunho da verdade, deve assentar na conformidade com os fatos da natureza. O espetáculo do mundo nos ensina que a imortalidade de amanhã é a de hoje e foi a de ontem, que a eternidade futura não é senão a eternidade presente.[245]

Os seres que habitam todos os mundos do Espaço são homens que partilham do nosso destino e esses homens não nos

---

[243] Capítulo II (*Infériorité de l'habitant de la Terre*) do livro V (L'humanité dans l'Univers) de *La Pluralité des mondes habités* (Paris: Didier, 7. ed., 1865, p. 264-265). Primeira edição em 1862. Em *La Pluralité des existences de l'âme*, p. 380 e 381.

[244] Capítulo III (*L'humanité collective*) do livro V (L'humanité dans l'Univers) de *La Pluralité des mondes habités* (Paris: Didier, 7. ed., 1865, p. 314). Em *La Pluralité des existences de l'âme*, p. 382.

[245] *Ibidem*. Em *La Pluralité des existences de l'âme*, p. 381 e 382.

são estranhos, *nós os conhecemos, ou conhecê-lo-emos* um dia. São da nossa família, pertencem à nossa humanidade.²⁴⁶ A vida eterna vós a conquistareis, não pelos trabalhos *de uma só existência*, mas pelos de *muitas vidas consecutivas umas às outras*. Pluralidade de mundos, *pluralidade de existências*: eis dois termos que se completam e se iluminam.²⁴⁷

A escola sansimoniana,²⁴⁸ de que Émile Barrault²⁴⁹ é distinto discípulo, diz:

Repouso eterno para o homem, depois da morte, é o que pede a Igreja? Não pode ser. A vida é uma obra graciosa, a infância um agradável acordar, a velhice, um delicioso adormecer, e a morte, o prelúdio de uma *nova vida, de um novo progresso*. Cessem, pois, as ideias de um juízo final e de eleitos, porque *todos somos filhos* de Deus, e o próprio filho pródigo *deve, cedo ou tarde, voltar à casa paterna*.²⁵⁰

---

²⁴⁶ Capítulo III (*L'humanité collective*) do livro V (L'humanité dans l'Univers) de *La Pluralité des mondes habités* (Paris: Didier, 7. ed., 1865, p. 317. Em *La Pluralité des existences de l'âme*, p. 381.

²⁴⁷ *Ibidem*, p. 317 e 318. Em *La Pluralité des existences de l'âme*, p. 384 e 385.

²⁴⁸ Doutrina político-social caracterizada pelo industrialismo e progressismo, tendo sido preconizada por Claude-Henri de Rouvroy (1760–1825), conde de Saint-Simon, reformador social francês.

²⁴⁹ Pierre-Ange-Casimir-Émile Barrault (1799–1869), filósofo e político francês.

²⁵⁰ Décima quarta carta (Le dogme chrétien. Le dogme saint-simonien) de *Lettres sur la religion et la politique* (Paris: Bureau de l'Organisateur e A. Mesnier, 1831, p. 131), por Eugène Rodrigues, um dos discípulos prediletos de Saint-Simon. Consta ainda do 2º ensinamento (L'histoire) de "Enseignemens du Père suprême", por Enfantin, em *Religion saint-simonienne. Morale* (Paris: Librairie Saint-Simonienne, 1832, p. 99). Em *La Pluralité des existences de l'âme*, p. 387 e 388.

Barrault oferece-nos esta passagem:

> Se o destino de cada um de nós é realizar em si o tipo humano perfeito, uma vida única é insuficiente. São precisas muitas, com a diversidade das condições de meio, de modo que as aptidões ainda latentes sejam provocadas a aparecer e as que já brilharam entrem em repouso, como pecúlio já adquirido, que mais não se pode perder. Cada um de nós saberá que já veio aqui e que voltará aqui. E eu mesmo quisera poder adormecer com a palavra de Goethe[251] nos lábios: luz, mais luz[252] e, de sono em sono, de despertar em despertar, chegar a esse ponto, onde a luz nos é dada em toda a plenitude.[253] Cada um de nós faz seu destino, cada um de nós *revive* com seu haver e dever. Depende de cada um ter um grande ativo ou um grande passivo e fazer, com vergonha ou com glória, seu inventário, sua liquidação.[254]

Estes princípios são largamente desenvolvidos na obra de Barrault, intitulada *O Cristo*.[255]

---

[251] Johann Wolfgang von Goethe (1749-1832), escritor, cientista, filósofo e botânico alemão.

[252] Em alemão, *Lich, mehr Licht*, frase que Goethe teria pronunciado quando estava para desencarnar, em 22 de março de 1832, em Weimar.

[253] Capítulo III (*La vie future*) do segundo diálogo (Transformation du dogme) de *Le Christ* (Paris: E. Dentu, 1865, p. 240, 241, 252 e 260). Em *La Pluralité des existences de l'âme*, p. 393, 396 e 397.

[254] *Ibidem*, p. 247. Em *La Pluralité des existences de l'âme*, p. 403.

[255] *Le Christ*, com primeira edição em 1865, foi escrito sob a forma de diálogo entre um católico, um protestante, um filósofo, um judeu e um sansimoniano.

De Enfantin,²⁵⁶ outro sansimoniano, transcreverei os seguintes trechos de sua obra *A vida eterna:*²⁵⁷

> Não quero, como o materialista ateu, que minha personalidade acabe com o meu cadáver. Quero, como o espiritualista crente, que ela se perpetue, mas não em condições incompatíveis e contraditórias com a vida e que a privem de tudo a que ama. Mais ambicioso, mais lógico e, ouso dizer, mais moral que todos os que creem na vida futura, eu a quero tal qual ela é, e não, como se a considera, contrária ao que de fato é. Eu a quero ligada *cada vez mais* a meus semelhantes, à Terra, ao universo. Eu a quero *progredindo* e fazendo progredir tudo o que não é ela, *aumentando progressivamente* em lembranças e esperanças, mas também em realidade viva. Eu a quero *perfectível* e não perfeita, porque sou homem, e não Deus. Eu a quero amante e amada, porque é por aí que o homem se aproxima de Deus, a quem nunca alcançará, nem verá face a face, porque, em tal caso, seria um deus e haveria dois.²⁵⁸
>
> Tenho tanta fé na bondade de Deus, a respeito dos seres imperfeitos, que acredito firmemente na igualdade em que Ele tem o duplo juízo de sua consciência: a reprovação do mal e a aprovação do bem e que a justiça eterna nos dá *progressivamente o perdão do mal, até o esquecimento,* e a recompensa do bem, até a lembrança eterna.²⁵⁹

---

²⁵⁶ Barthélemy-Prosper Enfantin (1796–1864), chamado Père Enfantin, engenheiro, economista e filósofo francês.

²⁵⁷ *La Vie éternelle: passée, presente, future*, com primeira edição em 1861.

²⁵⁸ Capítulo XXX de *La Vie éternelle* (Paris: E. Dentu, 1861). Ver *Œuvres de Saint-Simon et d'Enfantin* (Paris: Leroux, vol. 46, 1877, p. 124). Em *La Pluralité des existences de l'âme*, p. 403-404.

²⁵⁹ Capítulo XII de *La Vie éternelle*. Ver *Œuvres de Saint-Simon et d'Enfantin*, p. 63. Em *La Pluralité des existences de l'âme*, p. 404.

Louis Jourdan,²⁶⁰ da mesma escola, diz:

> O que sinto profundamente é que Deus nos fez livres. Nós nos elevamos ou nos rebaixamos, conforme o uso que fazemos dessa liberdade, *não somente na vida presente, como em toda a série de existências que temos de percorrer.* Partimos de ignotas profundidades para nos aproximarmos progressivamente de Deus, isto é, da perfeição infinita, que jamais alcançaremos. O caminho que percorremos se divide em *uma inumerável série de estações. O nascimento e a morte são os dois termos de cada uma delas.*
> Crer que a morte seja a porta do nada é blasfemar. Crer que, depois de alguns instantes passados sobre a Terra, recebemos uma *recompensa eterna ou um eterno castigo é desconhecer a Justiça de Deus.*²⁶¹

O doutor Grand,²⁶² na *Carta de um católico sobre o Espiritismo,*²⁶³ exprime-se assim:

> Há, na doutrina da reencarnação, uma economia moral, que não escapará à inteligência humana. É evidente que *uma vida não basta aos desígnios de Deus,* quando, segundo

---

²⁶⁰ Louis-Charles Jourdan (1810–1881), jornalista francês que foi redator do jornal Siècle.

²⁶¹ Obra não identificada. Em *La Pluralité des existences de l'âme,* p. 405.

²⁶² Alphonse de Grand-Boulogne (1810–1874), médico e ex-vice-cônsul francês.

²⁶³ *Lettre d'un catholique sur le spiritisme,* com primeira edição em 1860. Obra citada, em nota de rodapé, no capítulo IV (*Systemes*) de *Le livre des médiums ou Guide des médiums et des évocateurs* (Paris: Didier, 6. ed., 1863, p. 49), por Allan Kardec. Ver edição traduzida por Guillon Ribeiro: *O livro dos médiuns* (Rio de Janeiro: FEB, 81. ed., 2013, nota de rodapé da 6ª pergunta.).

suas leis, encarna um Espírito. A corporeidade, demonstrando melhor os atos de virtude e esses atos sendo necessários ao melhoramento do Espírito, raramente poderá este encontrar, em uma única existência, as circunstâncias necessárias à sua elevação.

Estando admitido que a Justiça de Deus *não pode compadecer-se com as penas eternas* e devendo a expiação *ser proporcional à falta*, a razão conclui daí: 1º) *a necessidade de um período de tempo durante o qual a alma examine seus pensamentos e forme suas resoluções para o futuro*; 2º) *a necessidade de uma nova existência, em harmonia com o adiantamento atual dessa alma.*

Não falo dos suplícios, algumas vezes terríveis, infligidos a certos Espíritos depois da morte. Correspondem, de uma parte, à enormidade da falta e, de outra, à Justiça de Deus.

Quanto a *novas provas*, compreende-se *sua necessidade*, por uma comparação vulgar, mas expressiva. Depois de um ano de estudo, que acontece ao estudante? Se fez progresso, se foi aplicado, se aproveitou o tempo, passa para a classe superior. Se ficou estacionário em sua ignorância, repete a classe. Se cometeu faltas graves, é ignominiosamente expulso. Este pode andar de colégio em colégio, ser declarado indigno de pertencer à universidade e passar da casa de educação à casa de correção. Tal a imagem fiel da sorte dos Espíritos.[264]

---

[264] *Lettre d'un catholique sur le Spiritisme* (Paris: Ledoyen, 1860). Com o título "La réincarnation", assinado pelo Espírito Zénon e tendo como médium Grand-Boulogne, o trecho citado foi publicado na *Revue spirite*: journal d'études psychologiques (Paris: Bureau de la *Revue spirite*, 3º ano, n. 10, out./1860, p. 323), dirigida por Allan Kardec. Ver edição traduzida por Evandro Noleto Bezerra: *Revista espírita*: jornal de estudos psicológicos, ano III, out./1860 (Rio de Janeiro: FEB, 3. ed., 2009, Dissertações espíritas: *A reencarnação*). Em *La Pluralité des existences de l'âme*, p. 416 e 417.

A Doutrina Espírita como Filosofia Teogônica

André Pezzani,[265] talvez dos sábios modernos o que mais se ocupou com a questão, explana sua opinião nestes termos:

> A desigualdade das almas que vêm à Terra não procede de uma desigualdade de essência, nem de uma vontade particular de Deus. Sua razão está *numa série mais ou menos longa de existências anteriores*. Assim, as disposições da alma, que são efeitos de *manifestações precedentes*, formam o ponto de partida da existência atual. Vindo ocupar um corpo humano, a alma lhe imprime uma maneira de ser, correspondente ao *grau de adiantamento que anteriormente adquiriu*.[266]
>
> O pecado do pai, exclama Pelágio,[267] não pode fazer culpados os filhos. Logo, os filhos nascem inocentes. Por serem, porém, inocentes dos crimes paternos, não se segue que as crianças o sejam igualmente dos que possam ter cometido por si mesmas, em tempos ou *vidas anteriores*.
>
> Ora, Jean Reynaud faz ver que a alma de alguns já é viciada ao nascer. Logo, o homem já *viveu e nessa vida precedente* contraiu o vício que se lhe nota.
>
> Decidir de outro modo seria atribuir a Deus a iniciativa de todas as ruins inclinações que manifestamos tão depressa pomos os

---

[265] (1818–1877) advogado, escritor e filósofo francês. A partir de 1863, tornou-se o editorialista do *La Verité, journal du Spiritisme*.

[266] Números 41 a 43 do tratado *Destinée de l'homme* (1846). Ver *Exposé d'un nouveau système philosophique* (Paris: Garnier Frères; Lyon: Charavay Frères, 1847, p. 23). Em *La Pluralité des existences de l'âme*, p. 425-426.

[267] Pelágio da Bretanha (c. 360–422), monge britânico que formulou o Pelagianismo, doutrina que estabelece o homem como o único responsável por sua salvação, minimizando assim o papel da graça divina. Combatido por Santo Agostinho, o Pelagianismo foi considerado heresia pela Igreja. Pezzani faz referência à obra *Commentarii in epistolas S. Pauli* (409), em especial à exposição sobre a *Epístola de Paulo aos Romanos*.

pés na Terra. Por aí se compreende o porquê de ninguém estar aqui isento de misérias e de serem essas misérias desigualmente repartidas.

Ficássemos nós sob a pressão da culpa original e haveria, sim, razão para todos sofrermos misérias, mas não para que um sofresse mais que outro. E às vezes o bom mais que o mau. Pelo contrário, se a nossa culpabilidade é pessoal, o que é natural é que haja diversidade de um para outro.

Não é porque somos filhos de Adão que nos achamos depravados e miseráveis como ele. É porque éramos depravados como ele e, por conseguinte, dignos de ser, como ele, miseráveis, que viemos a ser seus filhos. Por mais culpados, porém, que sejamos aqui, a justiça de Deus não nos inflige o castigo do inferno, uma vez que em castigo vêm à Terra os maiores culpados. Sendo a nossa culpabilidade da mesma ordem, ao nascer e ao morrer, na partida e na chegada, não pode haver na segunda porta penas diferentes das que há na primeira.

Assim, a verdade da preexistência fornece um testemunho irrecusável contra a loucura do inferno.

Da mesma sorte que a preexistência explica a prova terrestre e os fatos desta vida, sem ela incompreensíveis, assim também as reencarnações e existências posteriores das almas explicam a ordem geral do universo, o plano da Criação, a justiça e a misericórdia de Deus. E uma vez que se admita o primeiro, forçosamente se admitirá o segundo dogma.[268]

---

[268] Capítulo I (Notre opinion sur l'immortalité) do livro quarto (Formes de la vie future) de *La Pluralité des existences de l'âme* (Paris: Didier, 6. ed., 1872, p. 428 a 434), obra que Bezerra de Menezes se valeu desde o início desta parte, intitulada "Origem" (ver nota 41). Aqui e nos parágrafos seguintes, Pezzani observa que, assim como em sua obra *Fragments philosophiques* (1850), explicará sobre o dogma do pecado original e a preexistência resumindo o pensamento de Jean Reynaud (ver nota 237).

Ter-nos-á Deus arrancado do nada, ter-nos-á dotado de uma funesta liberdade, ter-nos-á feito atravessar tentações sem número e multiplicadas provas e, depois de uma curta vida, que não é senão um ponto no tempo, fechar-nos-á para sempre a porta do arrependimento e da reabilitação, fixará a nossa móvel sucessão e nos dará, a nós, seres limitados, o nosso absoluto, o nosso imutável domínio: o do mal e o da dor? Queimar-nos-á nas chamas de um eterno auto de fé, fogo inexorável, que calcina sem purificar, suplício atroz, que tortura sem regenerar?

E a seus eleitos, aos bem-aventurados, que dará Ele? Ah! os danados não lhes invejarão a sorte! Ele os separa eternamente de seus amigos, de seus pais, de seus irmãos. Que mais lhes pode importar, desde que são habitantes da cidade eterna? Não vivem nadando em um oceano de eternas alegrias? Que alegria!

De um lado, a luz, de outro, as trevas; aqui, os inefáveis louvores; além, as maldições; aqui, ainda, as mais suaves delícias; lá embaixo, as lágrimas e o ranger de dentes. Quadro incomparável! Em tudo isto nenhuma alteração! O absoluto, tanto para a felicidade, como para o sofrimento! Entre os dois mundos, o abismo do infinito e da eternidade!

Mas, se é assim, Senhor, onde recrutareis eleitos para o vosso paraíso? Na Terra o mal alastra, o egoísmo borbulha por toda a parte e, entretanto, vejo aí a simpatia e a caridade. No meio de uma festa, em que tudo é luxo, em que a orquestra enche os espaços com seus harmoniosos sons, em que os sentidos são excitados pelas mais picantes iguarias, pelo som das vozes, pelos encantos da beleza, pelo perfume das flores, que rompa, no momento da mais louca alegria, um brado de desespero, que apareça um medonho espetáculo, que, perto ou longe, uma casa em chamas ameace reduzir a cinzas desgraçados que clamam por socorro, e, súbito, a festa cessará, os corações se enlutarão, os mais generosos correrão a arrancar as presas ao incêndio e, estejamos certos, deixando o baile, haver senhoras que deixarão cair algumas de suas joias nas mãos dos que não têm mais asilo. Eis o que fazemos na Terra e este movimento é bom e não nos pode perder.

Que fareis aos vossos eleitos para transformá-los, para levar-lhes o egoísmo até a barbaridade?

Oh! se o justo deve odiar o que amou, se deve ficar insensível aos sofrimentos dos seus irmãos, de sua esposa, de seus pais, prefiro mil vezes a sorte dos condenados e direi a Deus: Guardai, Senhor, para outros, de quem não invejo o coração, as alegrias eternas do vosso paraíso. Eu quero viver com os desgraçados, com os que sofrem. Não quero comprar vossos favores ao preço de meus sentimentos, de meu amor, de minha vida. Essas afeições que me destes, não as posso riscar da minha alma. Esses seres tão queridos, que pusestes em meu caminho, não deixam que eu goze alegrias quando eles são desgraçados.

E, entretanto, há homens que ensinam que os eleitos sentem crescer sua felicidade ao espetáculo dos suplícios dos condenados, sem terem por eles a mínima compaixão! Impiedosos teólogos! Vossa pena não se quebrou entre os vossos dedos, quando escrevestes estas páginas, que vos desonrariam se pudessem ser imputadas ao vosso coração, se não fosse mais verdadeiro atribuí-las ao desvairamento da vossa fé?! Ah! Sabei que, ligando-vos à *letra* das ameaças saídas dos lábios do Cristo, não compreendeis o espírito do Cristianismo, dessa religião sublime, cujo principal preceito é a caridade.

Deus de bondade, Deus de amor, Deus de misericórdia, como se pôde desconhecer-vos assim? Como se pôde colocar em vosso seio o barbarismo e a crueldade?[269] O dogma do inferno eterno é tanto um dogma de ocasião, mantido por causa de sua utilidade, que São Jerônimo,[270] aliás célebre pela guerra que moveu a Orígenes,[271] o confessa nestes termos: Tais são os motivos em que se apoiam os que querem fazer crer que, *depois dos suplícios e tormentos, não virá o perdão e o repouso. É o que convém ocultar agora àqueles a quem o medo faz bem, a fim de que, receosos dos suplícios, se abstenham de pecar.*[272, 273]

Assim, São Jerônimo não sustentava o inflexível dogma da eternidade das penas. Somente fazia dele um meio de amedrontar os pecadores.

A Igreja Católica o conservou em todo o rigor, mas temperou-o com o purgatório, que contém em embrião a fé do futuro. Entre

---

[269] *Dieu, l'homme, l'humanité et ses progrès* (Paris: Garnier Frères, 1847). Em *La Pluralité des existences de l'âme*, p. 438 a 440.

[270] Eusebius Hieronymus (c. 347–419), pseudônimo Sophronius, romano de formação, nascido na cidade de Estirão, entre as regiões da Panônia e da Dalmácia, onde hoje, aproximadamente, se situa a Hungria. Foi o tradutor da *Bíblia* para o latim, sendo sua edição, conhecida como *Vulgata*, o texto bíblico oficial da Igreja Católica Romana até os dias de hoje.

[271] Apesar de São Jerônimo ter considerado Orígenes o grande mestre da Igreja, combateu várias de suas ideias, entre elas a de preexistência das almas.

[272] Pezzani cita aqui o livro XVIII de *Commentarii in Isaiam*, de São Jerônimo, exegese em 18 livros, escritos entre 408 e 410. Em latim: "Quae omnia replicant asseverare cupientes; post cruciatus atque tormenta, futura refrigeria. Quae nunc abscondenda sunt ab his quibus timor utilis est; ut dum supplicia reformidant, peccare desistant."

[273] *Dieu, l'homme, l'humanité et ses progrès* (Paris: Garnier Frères, 1847). Em *La Pluralité des existences de l'âme*, p. 451.

o dogma do purgatório e das vidas sucessivas, não há senão um passo, que incumbe ao nosso século dar.[274]

Eis, para não continuar com citações, a origem do Espiritismo, ou da ideia em que ele assenta. Uma ideia que vem do princípio do mundo, que encarna em todo o movimento civilizador dos povos, que prossegue através dos séculos sem se perder; uma ideia que passa de geração a geração, de povo a povo, de raça a raça e, nestes tempos de luz, acende o facho das maiores inteligências do mundo; uma ideia que apresenta esses atestados não pode ser repelida sem estudo, sem exame, sem repetidas experiências, senão pelos fanáticos ou pelos possessos.

E por que a repelem?

A Igreja não tem dogma definido que se oponha às reencarnações. O que ela tem são crenças baseadas na interpretação literal das Escrituras Sagradas. Aí se fala nos castigos que vão sofrer as almas depois da morte e de que tais castigos são aplicados no inferno. Eis a razão única para a condenação do novo dogma. Não se reflete, porém, nas razões que apresenta ele para ser reconhecido como verdade.

É novidade que altera o *statu quo*, é, portanto, obra de Satanás! Eu já disse. Tão convencido de possuir a suma verdade, como o está a Igreja, estava o sacerdócio hebreu. Como então condená-lo por não ter aceitado a revelação messiânica, por tê-la denominado diabolismo, por ter preferido Barrabás[275] ao que ensinava a superior doutrina?

---

[274] *Dieu, l'homme, l'humanité et ses progrès* (Paris: Garnier Frères, 1847). Em *La Pluralité des existences de l'âme*, p. 452.

[275] Referência à passagem bíblica de *Mateus*, na qual Pilatos, governador da Judeia, seguindo seu costume, por ocasião da festa da Páscoa, de

O sacerdócio operou segundo as normas de todo fanatismo: só aceitar por verdade o que está aceito como verdade. O sacerdócio julgou que ofendia a Deus, se aprofundasse a nova revelação, que reconstruía o templo sobre a mesma base, porém com diferente forma e material. É o que está fazendo a Igreja, sem se lembrar do passado; digo-o com toda a reverência.

Alega-se, porém, que as situações são diferentes, que o sacerdócio hebreu devia saber, pelas profecias, que o Cristo era esperado, ao passo que a Igreja não espera ninguém.

Passemos ao segundo ponto que prometi discutir.

Razão de ser do Espiritismo

É verdade que o sacerdócio hebreu esperava o Cristo e, por isso, não lhe pode ser relevada a falta que cometeu, desconhecendo-o. Haverá, porém, algum Espírito esclarecido que admita a ideia de que o desconheceu de propósito? Se não foi de propósito, foi por alguma razão respeitável, embora insubsistente. Qual será essa razão?

A Sinagoga[276] tinha por artigo de fé que tudo quanto estava na Arca[277] era verdade divina. Vendo, pois, atacadas

---

soltar um preso a pedido do povo hebreu, coloca lado a lado Jesus e o ladrão Barrabás. Persuadidos por seus sacerdotes e anciãos, os hebreus escolhem Barrabás. (MATEUS, 27:11 a 26). Consta ainda de MARCOS, 15:1 a 15, LUCAS, 23:13 a 25 e JOÃO, 18:33 a 40. O nome Barrabás, em aramaico, significa "filho do pai".

[276] *Sinagoga*, o local de culto do Judaísmo, é tomada aqui como a própria religião judaica, daí a utilização da inicial maiúscula.

[277] Arca sagrada (*Aron Ha Codesh*), conhecida como Arca da Aliança, que fica no centro das sinagogas e contém os rolos da Torá, a lei mosaica.

muitas daquelas supostas verdades, sentiu-se ferida em sua fé e foi, em nome de seu Deus, que saiu a combater Deus. Se ela tivesse mais prudente calma, se tivesse estudado a nova lei e estudado a lei geral da revelação divina, teria curvado o joelho diante do Filho dileto do Altíssimo, em vez de se ter feito deicida.

Se tivesse estudado a lei da revelação divina, disse eu. Mas qual é essa lei? Acompanhe-me nesta necessária digressão.

A lei geral da revelação ressalta brilhante do mais perfunctório estudo do ensino celeste dado ao mundo, confrontado com a marcha da humanidade. Façamo-lo, sem fanatismo e sem irreverência, com a concentração e o respeito que merece tão superior assunto, apoiando a razão na consciência e a consciência na razão, que são o critério dado ao homem para conhecer a verdade em si.

Comecemos pela revelação direta, feita por Deus a Abraão, na primeira infância da humanidade.[278] Aí, que ensinou o Senhor? A unidade de Deus — e nada mais. Não deu mandamentos, não impôs obrigações, senão a de reconhecê-lo e amá-lo. É essa a primeira genuína revelação, no sentido de ensino aos homens. E os homens, que fundam a sua religião sobre o ensino de Deus, fundaram sobre o que foi dado a Abraão o que chamarei religião primitiva.

Nesta, logo se notam dois caracteres, que importa essencialmente assinalar: o caráter divino e o caráter humano. A parte divina era o reconhecimento da existência

---

[278] Referência à convocação de Abraão (ainda Abrão) para cumprir os desígnios de Deus. No texto bíblico, este episódio aparece no GÊNESIS, 12: 1 e 2, em Atos, 7:2 e 3 e HEBREUS, 11:8.

de um único Deus, criador, eterno, onipotente, onisciente, infinitamente perfeito. A parte humana foi a adjunção àquela crença de certos usos e costumes, que passaram com ela por princípios sagrados. Foi assim que, no período da religião abraâmica,[279] a poligamia se associou ao conhecimento e ao amor de Deus, constituindo a crença religiosa do povo que recebeu a revelação celeste.

Mais tarde, Deus baixou ao Sinai e fez, por Moisés, a sua segunda revelação. Esta foi mais extensa e mais compreensiva: foi feita a uma nação, em vez de o ser a uma família, e já compreendeu dez mandamentos,[280] em vez de *um único*. Vemos, pois, que, pelo correr dos tempos, o Senhor julgou necessário ampliar o divino ensino. E vemos, também, nesta segunda revelação, o que vimos na primeira: os homens construírem sobre ela uma religião composta de dois infalíveis elementos: o divino e o humano. Assim, no período da religião mosaica, temos, de um lado, as verdades eternas recebidas no Sinai e, de outro lado, o código draconiano de Moisés,[281]

---

[279] Também conhecida como *monoteísmo do deserto*, tradição semítica que tem como referência o patriarca Abraão. Hoje, genericamente, são designadas como *religião abraâmica* as que dela derivam, tais como o Judaísmo, Cristianismo e Islamismo.

[280] Constantes da passagem bíblica do *Êxodo*, no Velho Testamento, na qual Moisés revela ao povo de Israel o que lhe fora revelado por Deus no monte Sinai (Ex 20:1-17). Também em Dt 5:1-21.

[281] Para qualificar as Leis divinas reveladas a Moisés e constantes do *Êxodo*, no Velho Testamento, o autor se utiliza aqui do adjetivo *draconiano* em sua extensão de sentido, significando "excessivamente rigoroso", e não obviamente em referência direta ao severo código de leis de Drácon, legislador ateniense do século VII a.C., visto se tratar de episódio posterior.

que consagra o *dente por dente*²⁸² e a prescrição de *passar a fio de espada as mulheres e crianças dos povos vencidos*.²⁸³ E vemos, finalmente, que a parte humana da primitiva religião, a abraâmica, foi banida pela maior luz da segunda, a mosaica. Efetivamente, esta condenou as práticas abusivas dos abraamistas, proscrevendo a poligamia.

Cabe aqui um incidente. Por que razão Moisés, o mais conspícuo varão da Antiguidade, que "falou a Deus face a face",²⁸⁴ imiscuiu²⁸⁵ com as verdades divinas prescrições tão repulsivas e condenáveis? Porque, sem dar satisfação aos instintos do tempo, não conseguiria que seu povo recebesse o ensino salvador e Deus, em seu amor pelo homem, permite que seus ministros lhe respeitem a fraqueza, contanto que se sirvam dela para lhe inocularem a eterna verdade.

Se Moisés, naqueles tempos de atraso material, em que o homem era quase animal selvagem, dominado pelas paixões brutais e pela força, lhe impusesse os divinos mandamentos, proscrevendo todo ato de vingança e de violência, veria repelidas as Tábuas da Lei,²⁸⁶

---

²⁸² ÊXODO, 21:24.

²⁸³ ÊXODO, 22:24.

²⁸⁴ Referência ao versículo 11, do capítulo 33 do *Êxodo*: "E falava o Senhor a Moisés face a face, como qualquer fala com o seu amigo [...]"

²⁸⁵ Em língua portuguesa, este verbo aparece somente como pronominal: "imiscuir-se", significando "intrometer-se ou misturar-se em algo". Sendo que esta palavra a nós chegou por intermédio do espanhol, é provável que Bezerra de Menezes tenha se valido de uma forma apenas vista naquele idioma: *inmiscuir*, que admite o sentido de "misturar uma coisa com outra".

²⁸⁶ Segundo a *Bíblia*, o código com os dez mandamentos, os quais foram gravados em duas tábuas de pedra (ÊXODO, 31:18).

porque a natureza, nos ignorantes, tem mais força que a razão e a consciência. O santo varão foi, pois, obrigado a ceder à natureza brutal de seu povo, no intuito de inocular-lhe o contraveneno daquela mesma brutalidade. Respeitou-lhe o sentimento vivaz da vingança, prescrevendo o dente por dente e olho por olho. Respeitou-lhe o sentimento da proeminência da força sobre tudo, prescrevendo o morticínio das mulheres e das crianças dos inimigos vencidos. Representou-lhes o Senhor como um soberano cruel e vingativo, que doutro modo ninguém aceitaria, não se aceitando um rei que não fosse o símbolo da crueldade e de todas as manifestações da força bruta. E, para conter aquela fera gente na parte divina da religião, ameaçou-a com os castigos materiais e eternos depois da morte.

Temos, pois: 1º) que a revelação subiu um grau em extensão e compreensão; 2º) que, para produzir seus salutares efeitos, condescende com os erros arraigados no coração da humanidade, donde a existência, em toda religião, desde Abraão até Moisés, dos dois caracteres: divino e humano; 3º) que a maior luz de um superior grau de revelação faz cair as falsidades tidas até aí por verdades, escoimando delas as puras verdades.

De Abraão a Moisés, decorreram cerca de vinte séculos e, cerca de vinte séculos depois de Moisés, baixou à Terra o Filho dileto de Deus, para dar-lhe mais amplo ensino.

A revelação messiânica é, com efeito, mais ampla em extensão, pois que se estende a todos os povos da Terra, e é mais ampla em compreensão, pois que regula todos os sentimentos humanos em relação a Deus e em relação ao próximo. Subiu, pois, de grau, em relação à de Moisés, como a deste subiu em relação à de Abraão.

A religião cristã, baseada na revelação messiânica, não precisou condescender com preconceitos humanos, como as duas precedentes? Por outra: a religião cristã não contém as duas partes, ou elementos distintos: o divino e o humano?

Discutiremos mais tarde este ponto. Passemos ao terceiro caráter da revelação: a eliminação, pela maior intensidade da luz, do que havia de falso, ou humano, no seio da religião até aí.

Não preciso dar prova de que a nossa religião tem esse caráter, pois que, confrontando o Novo com o Velho Testamento, deparamos com as mais fortes asperezas deste limadas por aquele. Em vez do dente por dente e concomitantes preceitos do código de Moisés, temos o sublime: *diligite inimicos vestros* etc. Em vez do Deus de vingança, temos o Deus de amor. E, quanto a castigos, Jesus fala, é verdade, dos eternos, mas não com a força de Moisés, antes como quem fala de coisa sabida, sem dizer positivamente — é verdade pura.

Assim, pois, comparando as três revelações, chegamos fatalmente a esta conclusão: a revelação divina é *periódica e progressiva*.

Mas por que é assim, e não feita de uma vez, ou por que não é contínua?

Vem a pelo[287] confrontar essa progressividade irrecusável com a marcha da humanidade, para termos cabal resposta àquelas interrogações.

Deus criou o homem racional e o submeteu à lei do progresso. Todo homem e, por todos, a humanidade se caracteriza pela *perfectibilidade*. De século em século, de

---

[287] *Vem a pelo* é expressão que significa "vem a propósito", "é oportuno".

ano em ano, de dia em dia, a humanidade conquista novas luzes, que lhe dão superioridade moral e intelectual. Esta verdade é axiomática.

Se, pois, o homem é perfectível, como o Criador é perfeito, e se essa perfectibilidade se tem desenvolvido *lenta e progressivamente*, como no-lo revelam a tradição e a História, é intuitivo que o ensino do Pai tem, neste caráter humano, a sua natural explicação, a razão de sua *periodicidade* e de sua *progressividade*.

Deus não podia ensinar à humanidade, no tempo de Abraão, o que ensinou no de Moisés, nem, no tempo deste, o que ensinou pelo Cristo. Para cada grau de evolução humana, Ele deu um grau correspondente da divina luz e, a cada grau de luz mais forte, fazia desprender-se das eternas verdades todos ou parte dos preconceitos humanos, que as inquinavam.

Assim, pois, cada revelação aumenta o ensino, na medida da capacidade humana, e limpa a religião de certas impurezas, que o atraso humano torna necessárias à fecundação das eternas verdades.

Progressividade de revelação e *perfectibilidade* humana são, portanto, dois termos da eterna equação, cujo x é o infinito amor do Pai.

Eis por que a revelação não foi feita toda de uma vez e não pode ser contínua. Aí tem como, por não conhecer essa sublime relação, a Sinagoga repeliu a luz, não de propósito, o que só a perversidade poderá admitir, mas por mal entendido zelo, vendo atacados princípios que tinha por verdades. Se ela soubesse que a revelação é progressiva, na medida da perfectibilidade humana, não repeliria a maior luz trazida ao mundo pelo Cristo, conhecendo que a que lhe fora dada por Moisés não compreendia a última palavra do Céu. Se ela soubesse que há sempre na religião uma parte humana, que só desaparecerá de todo quando a revelação chegar ao seu último grau, por ter a perfectibilidade humana atingido o maior grau do seu desenvolvimento, não se escandalizaria de ver o Cristo combater princípios que lhe pareciam verdades.

Mas a que vem tudo isto em relação à nossa tese: "Razão de ser do Espiritismo"? Verá que vem muito a propósito, que tudo isto é essencial.

Se a revelação é progressiva, na razão do desenvolvimento da nossa perfectibilidade, conclui-se daí rigorosamente que, enquanto a humanidade não tiver tocado ao apogeu de sua perfectibilidade, a revelação não pode ter chegado ao seu mais elevado grau de luz.

Já teremos chegado àquele apogeu? Não há um ser pensante que possa dizer — sim. O que sabemos das leis da Criação é, para o que ignoramos, o que o ponto é para o espaço infinito. Logo, ou Deus não gradua seu ensino pela nossa capacidade para compreendê-lo; ou ainda não é completo o ensino que nos tem dado até o presente.

Mas a lei das revelações tem guardado invariavelmente, desde o princípio do mundo, aquele caráter de respeito à evolução da humanidade. Logo, cai por terra a primeira hipótese e fica de pé a segunda.

E isso foi confirmado e sagrado por Jesus Cristo, quando disse aos discípulos que deixava de ensinar muitas outras verdades, por não ser oportuno.[288]

Por que não era oportuno ensinar aquelas outras verdades? Não há senão a razão de não estar o mundo

---

[288] Ver nota 52.

em condições de recebê-las, compreendê-las e cultivá-las devidamente. Logo, a revelação divina não se completou pela do Cristo, afirmando este a lei de sua progressividade, consoante com a da perfectibilidade humana.

Se é assim e se já tem decorrido do Cristo até hoje tanto tempo quanto decorreu de Abraão a Moisés e de Moisés ao Cristo, por que não se há de aceitar a ideia de uma mais completa revelação — da revelação dessas verdades que Jesus não pôde ensinar — de uma revelação complementar da de Jesus, como Ele prometeu?

Se, tendo o mundo caminhado cerca de dois mil anos depois da revelação abraâmica, Deus lhe mandou uma mais ampla por Moisés; se, tendo progredido, noutros tanto séculos, depois de Moisés, Deus lhe mandou a revelação messiânica; em que repugna admitir, para verificar, que hajam chegado os tempos de nos serem ensinadas aquelas verdades que o divino Mestre calou e prometeu mandar ensinar mais tarde, uma vez que daquele tempo para cá e por obra de seu ensino a humanidade tem tanto progredido?

O Espiritismo toma, pois, como razão de ser: 1º) a eterna lei das revelações divinas, que corresponde ao desenvolvimento humano, incontestável nos dezenove séculos decorridos; 2º) as palavras de Jesus, prometendo futuro ensino.

Sei que os fanáticos, mais cruéis inimigos da Religião do que os ateus, porque estes combatem e aqueles deturpam, sei que eles, não podendo recusar o fato contido na declaração do Cristo, por estar consignado no Evangelho, alegam, contra a pretensão do Espiritismo, que, para revelar as novas verdades, o Redentor fez baixar à Terra o divino Espírito Santo, que assiste a Igreja.

Nenhum cristão pode recusar a verdade da descida do Espírito Santo,[289] mas o que dizem os Evangelhos é que ele desceu sobre o colégio apostólico, para inspirar força e saber aos que tinham de pregar ao mundo as verdades ensinadas pelo Mestre. Não leio em parte alguma que tenha ele descido para fazer revelação, nem mesmo das verdades omitidas por Jesus.

E a própria Igreja, que se considera a legítima sucessora do colégio apostólico e por isso assistida pelo Espírito Santo, diz, por seus mais autorizados órgãos, como acima anunciei: "que não compôs um só livro sagrado, porque *não é inspirada*, mas sim *interpreta* todos os livros sagrados, porque é *assistida* pelo Espírito Santo".[290]

Já vê você que é da Igreja a formal declaração de que a assistência do Espírito Santo é exclusivamente para que ela interprete o que já está revelado — todos os livros sagrados. E isso se conforma perfeitamente com o fato de não termos tido, de Jesus Cristo até hoje, apesar da assistência do Espírito Santo e do grande progresso feito pela humanidade, a revelação, pela Igreja, de qualquer nova verdade.

E, pois, a Igreja deve esperar, como devia esperar a Sinagoga, o prometido revelador das verdades omitidas por Jesus, como o sacerdócio o prometido Messias.

Nestas condições se apresenta uma doutrina, santa por sua moral, santa por sua teodiceia, que não tem autor conhecido, que brota misteriosamente em todos os

---

[289] Referência ao dia de Pentecostes, quando, cinquenta dias após a Páscoa, o Espírito Santo desceu sobre os apóstolos. Consta de ATOS DOS APÓSTOLOS, 2:1 a 4.

[290] Ver nota 172.

pontos da Terra e que, em vez de pescadores, toma por discípulos os primeiros vultos da ciência. Essa doutrina não destrói a Igreja, como Jesus não destruiu o Templo.[291] Sobre a mesma base: a moral e a teodiceia, ensina uma teogonia, que, pode-se dizer, é apenas um complemento do majestoso edifício. Ensina uma teogonia que explica, em honra e glória do Criador, o princípio, a evolução e o destino dos Espíritos.

Mas, como substitui a vida única pela vida múltipla e as penas eternas pelos corretivos temporários, a Igreja nem quer ouvir falar dela, quanto mais estudá-la. É obra de Satanás! *Crucifige — Crucifige eum!*[292]

Por que é obra de Satanás? Por sua moral, não; que, já o tenho dito, é a de Jesus. Por sua teodicéia, não, porque, já o disse, é a ortodoxa. É por sua teogonia, porque acaba com a vida única e com o inferno, dois princípios consagrados pela religião? Lembro que o sacerdócio hebreu não repeliu o Cristo por outra razão.

Pergunto: que provas tem a Igreja de que aqueles princípios são verdades eternas? Como temos visto, pelo estudo das revelações, a religião encerra sempre

---

[291] Na Roma antiga, espaço descoberto e elevado que era destinado à realização de ato sagrado ou prática das observações dos áugures, sacerdotes que inferiam do voo e do canto das aves os desígnios dos deuses.

[292] Forma verbal latina que significa "crucifica-o". Referência à passagem bíblica de o *Evangelho segundo Marcos*, no Novo Testamento, em que a multidão pede pela crucificação de Jesus: "E Pilatos, respondendo, lhes disse outra vez: Que quereis, pois, que faça daquele a quem chamais Rei dos Judeus? / E eles tornaram a clamar: Crucifica-o. / Mas Pilatos lhes disse: Mas que mal fez? E eles cada vez clamavam mais: Crucifica-o." (MARCOS, 15:12 a 14.) Consta também de LUCAS, 23:21 e JOÃO, 19:6 a 15 e, com outra forma verbal, de MATEUS, 27:22 e 23.

— é preciso que encerre — certos princípios de caráter humano, que servem de veículos aos princípios eternos, de caráter divino.

Quem atacasse a poligamia, no período abraâmico, atacava a Lei de Deus. Quem atacasse o código de Moisés, com o seu olho por olho *et reliqua*,[293] atacava a lei de Deus.

É, pois, muito racional que seja excomungado, por atacar a Lei de Deus, o que atacar os princípios da vida única e do inferno. Mas, assim como aqueles erros foram julgados verdades sagradas, em seu tempo, não podem estes nossos princípios ser falsos, apesar de envernizados pela religião?

Que a religião cristã deve forçosamente conter impurezas é indubitável, visto que ela não encerra ainda todas as verdades eternas. Desde, pois, que não recebeu ainda o máximo da luz do Céu, como bem claro o dizem as palavras de Jesus,[294] sua parte humana, embora muito reduzida pela doutrina do Redentor, ainda se mantém necessariamente e se manterá até que, completada a parte divina, desapareça de todo a humana.

Ora, se é positivo que, de envolta[295] com as verdades eternas, na nossa religião ainda há resíduos da nossa natureza atrasada, como afirmar que este ou aquele princípio é divino?

Mas, então, dir-me-á você, ficaremos em dúvida a respeito de todos e, conseguintemente, a respeito de toda a religião. Não é assim, porque temos um critério infalível

---

[293] Expressão latina que significa "e o restante", equivalendo a *et cetera* (etc.).
[294] Ver nota 52.
[295] *De envolta* é expressão que significa "conjuntamente".

para o conhecimento da pura verdade. Temos esse critério nas perfeições infinitas do Criador. Tudo que as exaltar é pura verdade. Tudo que as rebaixar é pura mentira. E, por esse critério, podemos verificar quais os princípios de nossa religião que são verdades, quais os que são mentiras. Já sabe o sentido em que emprego aqui a palavra mentira: no de falsos princípios que são respeitados como veículos dos verdadeiros.

Passando em revista os princípios da nossa religião e confrontando-os com o divino critério, reconheço, para acatar, que todos exaltam as perfeições infinitas do Criador, menos, exatamente, o da vida única, com as penas eternas, que as rebaixa.

E a prova vou dar-lha,[296] tomando três fatos humanos, que só se podem explicar, subsistindo os dois princípios, com detrimento da Suma Perfeição.

É de simples intuição que, não sendo única a vida corpórea do Espírito, não pode haver penas eternas, nem inferno. Portanto, limitar-me-ei a tratar da primeira.

Explique quem for capaz o fato tão comum de apresentarem os homens, no desabrochar da vida, disposições opostas em relação ao bem e ao mal, assim como em relação ao saber.

Se somos criados por Deus imediatamente que[297] temos de entrar na vida, é incontroverso que a inclinação que manifestamos, antes de exercermos a liberdade conscientemente, não pode ser senão obra de quem nos tirou do nada.

---

[296] *Lha* é forma contrata dos pronomes "lhe" e "a", que imprime nesta oração o seguinte sentido: "E a prova vou dá-la a você."

[297] *Imediatamente* que é expressão que equivale a "no momento em que".

Se é do Criador que recebemos as inclinações com que nascemos, o Criador não é justo, porque dá a uns inclinações acentuadamente boas e dá a outros inclinações acentuadamente más. E tanto menos é justo quanto, criando as almas com disposições opostas, lhes toma, no fim da vida, contas iguais, dizendo que tiveram igual liberdade.

Não há dúvida que todos têm liberdade, mas a de um é auxiliada pela boa inclinação nativa, ao passo que a de outro é contrariada pela má inclinação nativa. Pode-se exigir igual viagem de dois navios, construídos com a mais perfeita igualdade, mas um dos quais tem mares e ventos a favor e o outro tem mares a favor e ventos contra? É o nosso caso e ele protesta contra a eterna justiça, na criação e no julgamento das almas. Na criação, porque repartiu desigualmente as condições de salvação. No julgamento, porque condena à morte eterna tanto o que teve boa disposição nativa e fez mau uso da liberdade, como o que fez mau uso da liberdade, tendo tido ruim disposição nativa.

O dogma espírita das vidas múltiplas é que vem defender o Criador da feia acusação que lhe faz o da vida única. É pelas vidas sucessivas que o Espírito se apura; mas como o maior ou menor progresso de cada um depende do maior ou menor esforço que faz como criatura dotada de plena liberdade, segue-se que, num ponto dado da duração do tempo, uns Espíritos têm subido admiravelmente, outros têm ficado atrasadíssimos e outros ocupam os variadíssimos graus que se notam entre os dois extremos.

Pois bem. O Espírito adiantado que reencarna apresentará inclinação para o bem, a que já é afeiçoado, e essa inclinação é conquista sua, e não obra do Criador.

Pelo contrário, o Espírito atrasado apresentará, reencarnando, inclinação para o mal, a que ainda é afeiçoado, e essa inclinação é obra de suas obras, e não de seu Criador.

Assim, no regime da vida única, a perversão moral que manifestam certas crianças, antes de terem consciência do bem e do mal, não pode deixar de ser atribuída a quem as criou, entretanto que, no regime das vidas múltiplas, aquela perversão corre por conta do próprio Espírito.

Pelo lado intelectual, a mesma coisa. Uns são dotados com inteligência genial e outros com inteligência boçal: Platão e o hotentote.[298]

---

[298] Indivíduo dos hotentotes, tribo de pastores nômades do sudoeste da África. A questão colocada por Bezerra de Menezes remete ao capítulo V (*Considerações sobre a pluralidade das existências*) do Livro Segundo (Mundo espiritual ou dos Espíritos) de *O livro dos espíritos*, onde Allan Kardec formula a seguinte indagação, que por muitos foi usada para acusá-lo de racista: "6. Por que há selvagens e homens civilizados? Se tomardes uma criança hotentote recém-nascida e a educardes nos nossos melhores liceus, fareis dela algum dia um Laplace ou um Newton?" Sem deixarmos de lado a visão eurocêntrica da época — contexto em que Kardec se inseria — e a própria evolução da Doutrina Espírita, o fato é que esse ponto não pode ser afastado de sua exposição lógica, apresentada alguns parágrafos após: "[...] Em relação à sexta questão, dirão naturalmente que o hotentote é uma raça inferior. Perguntaremos, então, se o hotentote é um homem ou não. Se é um homem, por que Deus o deserdou, a ele e à sua raça, dos privilégios concedidos à raça caucásica? Se não é homem, por que tentar fazê-lo cristão? A Doutrina Espírita tem mais amplitude do que tudo isto. Segundo ela, não há muitas espécies de homens, mas apenas homens cujos espíritos estão mais ou menos atrasados, mas todos suscetíveis de progredir.[...]" (Rio de Janeiro: FEB, 4. ed., 2013. Trad. Evandro Noleto Bezerra.)

É admissível que o Pai reparta tão desigualmente seus dons por seus filhos, máxime esse da inteligência, que é o superior meio da salvação? Mas a vida única o acusa dessa injustiça.

Outro fato humano, que não depõe menos eloquentemente contra o famoso princípio por cuja sustentação a Igreja repele o Espiritismo, como a Sinagoga repeliu o Cristo, por atacar princípios falsos, que ela supunha verdades divinas.

O Senhor criou o espírito e lhe deu um corpo com os órgãos precisos para o desenvolvimento das suas funções. Entretanto, vemos, por aí: cegos, mudos, surdos e idiotas de nascença. Não pode essa restrição odiosa na partilha dos bens do Pai ser obra do pecado original, porque nesse caso todos a sofreriam. Não pode, tampouco, provir do pecado dos pais imediatos, porque, então, todos os filhos desse tronco a partilhariam. Não pode, finalmente, proceder da própria culpa desses deserdados, porque nasceu com eles, o que quer dizer que foram criados já assim.

Explique quem for capaz esse fato tão comum, sem ofender, sem acusar a Deus, mantendo o famoso dogma da vida única!

O Espiritismo, com o seu dogma de vidas sucessivas, o explica suave e naturalmente, em honra e glória da perfeição infinita. Esses defeitos são o selo da punição dos Espíritos que os manifestam e que os mereceram por suas faltas na precedente existência. São, pois, obra nossa, obra do mau uso que fizermos da liberdade, e não obra do Criador.

O terceiro fato, que prometi, merece mais séria atenção.

Como vimos, a revelação divina, que é a luz dada por Deus para o homem descobrir e trilhar o caminho do Céu, é *progressiva*, oferece três períodos bem assinalados: o abraâmico, o mosaico, o messiânico. Daí resulta que a luz do primeiro é fraquíssima em relação às dos posteriores e que a do último é, segundo ensina a Igreja, a mais intensa que pode ser dada à Terra. Sendo assim, só teve a perfeita luz para a salvação a parte da humanidade que Deus criou de Jesus para cá.

E a que foi criada no domínio da revelação mosaica? E, principalmente, a que foi criada no domínio da revelação abraâmica? Já não falo da que foi criada fora do círculo das revelações, verdadeiros enjeitados de um pai de coração de rocha.

Explique quem for capaz, com quanta sutileza e argúcia quiser, esse fato, que não pode ser contestado, porque está consagrado pela história profana e pela história sagrada. Explique-o, sem acusar a Deus de bárbara e cruel injustiça!

O Espiritismo surge com o seu dogma das vidas múltiplas e toda a dificuldade desaparece e o Deus criador readquire o trono que brilha pelo amor igual para com todos os seus filhos.

Os Espíritos, que viveram no domínio da revelação abraâmica e que caminharam à luz dessa limitada revelação, volveram à vida no domínio da revelação mosaica e caminharam à luz dessa mais ampla revelação. Daí volveram à Terra no domínio da revelação messiânica e caminharam e caminham e caminharão, à luz dessa revelação.

Portanto, não houve a odiosa desigualdade de serem uns criados em trevas, outros em crepúsculo, outros em dia nublado e o resto em dia claro de sol radiante. Portanto, Deus deu a todos e a cada um a mesma luz gradualmente, como numa academia se dá gradualmente o ensino. Pode acusar a organização de uma academia, por ver ensinar-se aos estudantes do último ano ciência superior à que se ensina aos do primeiro, quem supuser que, acabado o ano, as duas turmas têm completado seu estudo e vão a seu destino. Aquele, porém, que soubesse, melhor informado, que os estudantes do primeiro ano não ficam aí, sobem de ano em ano, recebendo em cada um maior ensino, até chegarem ao mais alto, dado no último ano, certo não acharia motivo para censura, quanto mais para acusação.

Pois é exatamente este o nosso caso. Pelo sistema da vida única, todo o paganismo fica deserdado da luz celeste e os próprios que foram criados dentro do círculo de sua ação recebem mais ou menos, conforme o tempo em que aprouve a Deus criá-los. Pelo sistema das vidas múltiplas, o paganismo passa pela circuncisão e pelo batismo, e os que receberam pouca luz numa existência recebê-la-ão plena em outras.

Entre um princípio que compromete as infinitas perfeições do Soberano Senhor e outro que as sustenta e exalta, não vejo senão o fanatismo cego, o que perdeu[299] o sacerdócio hebreu, capaz de vacilar na preferência.

O Espiritismo, pois, firmado na lei da progressividade da revelação e na promessa do divino Jesus, de que mandaria mais tarde revelar as verdades que não era oportuno ensinar, apresenta-se, como seu enviado, ensinando uma teogonia baseada na pluralidade de existências, que justifica ser uma daquelas verdades, pelo confronto com o infalível critério de toda a verdade. Eis a sua razão de ser.

---

[299] Usado aqui no sentido de "corrompeu".

Agora passemos ao seu modo de ensino, terceiro ponto que anunciei.

Modo de ensino do Espiritismo

Como vimos, é caráter de toda revelação assentar na coexistência de três princípios essenciais: a mais alta amplitude do ensino, a exata conformidade do ensino com o critério absoluto e a depuração da parte humana da religião. Que o ensino espírita é mais amplo em compreensão, ressalta evidentemente do fato de confirmar ele *tudo o que foi ensinado pelo Cristo* e dar ao mundo novas ideias que dão uma face nova à religião, sem lhe alterar os fundamentos sagrados.

Em extensão, vê-se que ele tem muito mais latitude, pois que não partiu de um ponto da Terra, como todas as anteriores revelações, mas irrompeu de todos os pontos da Terra. Não veio trazido por um mensageiro do Senhor, mas tem sido pregado por milhares de invisíveis mensageiros do Senhor.

Que o ensino espírita, mais amplo que os precedentes, sustenta o caráter de verdade absoluta, no confronto com o infalível critério, vimo-lo pelos três fatos que acima examinamos.

Que expurga a religião de falsos princípios, que constituíam a sua parte humana, também vimos por aqueles fatos, que provaram a impossibilidade de conformar-se com o absoluto critério o dogma da vida única e seus correlativos.

Se o Espiritismo não é revelação, é embuste, é obra de Satanás. Então os embustes e as obras de Satanás podem apresentar o caráter essencial das revelações divinas.

Os meios de sua divulgação maravilhosa, pois que em dez anos já conta milhões de sectários e domina grandemente entre os homens da Ciência, têm sido as comunicações feitas por Espíritos invisíveis, como disse há pouco, a certos Espíritos encarnados, que se chamam médiuns. Da comunicação dos Espíritos (comunicação dos santos) não é lícito senão ao materialista duvidar. É fato gravado na História e de que não há uma família, entre nós, que não tenha tido provas. Aceito o fato, pergunto: em que se baseiam os que o limitam a peditórios de preces e de satisfação de promessas?

Os mortos se comunicam com os vivos, eis o que ninguém pode contestar. Em que condições e para que se comunicam, é o que ninguém pode predeterminar. Por que razão podem vir pedir e não podem vir dar? *That is the question!*[300]

Se não temos conhecimento perfeito da lei das comunicações entre os vivos e os mortos (*lex constituta*),[301] devemos estar pelo que a experiência e a observação verificarem a tal respeito (*lex constituenda*).[302] Assim, se alguém, no Rio de Janeiro, tiver a visita de um amigo, residente em São Paulo, a anunciar-lhe que morreu e disso houver testemunhas e mais tarde, dias depois, chegar de São Paulo carta comunicando a morte daquele amigo, precisamente no dia da sua aparição, o fato está autenticado e o fato prova que os Espíritos não se comunicam só para *pedir*. Poderia citar-lhe alguns fatos desta

---

[300] Referência indireta à peça teatral *Hamlet*, do dramaturgo e poeta inglês William Shakespeare (1564–1616). A expressão provém do personagem que dá nome à peça e é traduzida como "eis a questão".

[301] Expressão latina que significa "lei constituída" ou "lei feita".

[302] Expressão latina que significa "lei a ser constituída" ou "lei por fazer".

ordem e até um dado comigo no dia da morte de meu pai, mas disso creio que não há quem duvide.

Se alguém for, no Rio de Janeiro, acusado de um crime de que está inocente e, nos Estados Unidos, um irmão receber comunicação, no mesmo dia, de que seu irmão é acusado, mas está inocente, sendo o seu companheiro quem praticou o mal — e esse imediatamente escrever pedindo informações do que lhe foi revelado — e o que disser na carta, sobre tal revelação, conferir perfeitamente com o que aconteceu, o fato está autenticado e prova que os Espíritos se comunicam não só para pedir, como para se despedir, como para dar notícia.

Pois bem, esse fato se deu aqui com um moço de meu conhecimento, quando não havia ainda telégrafo submarino para os Estados Unidos. O moço era empregado no Banco Inglês e da sua gaveta desapareceram 500$000 rs.[303] em estampilhas, pelo que o gerente suspeitou do seu caráter. Nobre e honrado, pagou os 500$000 rs. e demitiu-se incontinente.[304] À chegada do paquete inglês, por onde vinha então a correspondência dos Estados Unidos, recebeu do irmão, que estava ali, uma carta em que lhe referia o seguinte:

---

[303] Abreviatura de réis, o plural de real, unidade monetária brasileira utilizada desde o período colonial até a implantação do cruzeiro, em 1942. A denominação "real" voltou a vigorar em 1994, tendo como plural "reais". A representação numérica que se vê no texto equivale a 500 mil réis.

[304] Aportuguesamento da expressão latina *in continenti*, significando "sem demora", "imediatamente". Há divergência quanto a sua grafia em português: o *Dicionário Aurélio* registra "incontinênti", o *Houaiss*, "incontinente", forma a que se deu preferência aqui.

Indo a uma sessão espírita, foi o médium tomado de um Espírito, que me disse: meu irmão está aqui satisfeito, porém sua família, no Rio de Janeiro, está aflita, porque seu irmão, Fulano, foi suspeitado de ter roubado ao banco 500$000 rs. de estampilhas. Eu, porém, lhe digo que ele não cometeu tal falta, mas sim um companheiro, que trabalhava com ele na mesma mesa.

A comunicação lá foi feita no mesmo dia em que se deu o fato cá, e o autor da carta pedia nela que lhe escrevessem, sem falta, para tranquilizar-se. Pouco tempo depois do sucesso, descobriu-se o verdadeiro autor do furto.

Se alguém, aqui na corte, pedir a um médium que consulte o Espírito que lhe assiste[305] sobre os sofrimentos de uma pessoa residente em Diamantina, em Minas, sem dizer nem palavra a respeito de tais sofrimentos e receber horas depois um relatório de todos os males que afetam o organismo daquela pessoa e reconhecer que tal diagnóstico é a perfeita expressão da verdade, o fato está autenticado e prova que se dão comunicações também relativamente ao estado de saúde dos vivos. Esse caso deu-se aqui com o conselheiro Mata Machado,[306] deputado mineiro e ministro do gabinete de 6 de junho,[307] em relação ao pai, residente em Diamantina.

---

[305] Ver nota 288.

[306] João da Mata Machado (1850–1901), médico de profissão que, na política, ocupou os cargos de deputado provincial, deputado federal (do Império e da República), ministro dos Negócios Estrangeiros, conselheiro do Império e presidente da Câmara dos Deputados.

[307] Referência ao governo de Manuel Pinto de Sousa Dantas (1831–1894), primeiro-ministro do Brasil de 1884 a 1885, na época do Império.

Se alguém se achar doente e os médicos o desenganarem por tuberculoso e, recorrendo ao Espiritismo, receber comunicação de que *não há tuberculose* e, usando dos remédios que, pelo mesmo Espiritismo, lhe forem dados, ficar bom, teremos mais uma prova de que a comunicação dos mortos com os vivos vai além da simples indicação do estado de saúde, vai até a indicação dos meios curativos. Esse caso se deu com minha mulher, desenganada por tísica e curada completamente pelo Espiritismo.

De minha casa e de casas conhecidas, poderia eu dar-lhe uma relação de centenas de casos iguais, começando por mim, a quem toda a mestrança, durante cinco anos, não pôde dar um alívio; entretanto que *uma alma do outro mundo* me pôs bom em poucos meses.

Como vê, as comunicações, irrecusáveis em si, até porque são confessadas pelos livros sagrados, não se limitam a simples pedido de almas penadas, como pensam os que acreditam que a luz do gás, porque é imensamente superior à da vela e do azeite, não admite outra mais intensa.

Ora, se os limites da comunicação se estendem dia a dia, aos olhos da observação e da experiência, por que repelir a ideia de que o Senhor faça, por meio dos Espíritos superiores, a revelação de suas prometidas verdades?

A denominação oficial do cargo, que existiu entre 1847 e 1889, era "presidente do Conselho de Ministros", sendo que a imprensa a ele se referia como "presidente do Gabinete", cuja permanência dependia do apoio da Câmara dos Deputados e do Imperador, que constitucionalmente era o chefe do Executivo. A data em questão, 6 de junho, marca a investidura de Dantas no cargo.

Um fato singular se manifesta com o aparecimento do Espiritismo: é a multiplicidade de médiuns. Até agora os fatos de comunicação eram raríssimos e nunca apareceu uma pessoa com o dom de recebê-las a todo momento. É que os tempos não eram chegados, esses tempos de que fala Joel[308] e fala o símbolo dos Apóstolos,[309] em que o espírito de Deus se espalhará por toda a carne e velhos e moços *profetizarão*.

Hoje pululam os médiuns, recebendo a cada hora comunicações de todo gênero: umas repulsivas pela doutrina que encerram, outras sublimes pelo ensino que dão, coerentes com o que nos ensinou o Redentor. É que são chegados os tempos de receber o mundo mais amplo conhecimento dos mistérios humanos, que Deus vai aclarando à medida que o mundo vai podendo compreender.

E essa diversidade de tons, que se nota nas comunicações, dá testemunho de que são elas feitas pelos espíritos humanos. Os bons e adiantados nos dizem coisas sublimes, de atraírem nossas almas para o absoluto bem. Os maus e atrasados nos dizem o que nos diziam quando conviviam conosco: coisas de nos afastarem do bom caminho.

---

[308] Um dos 12 profetas menores sobre o qual nada se sabe, apenas que era filho de um homem chamado Petuel. Pelo texto bíblico, deduz-se que tenha nascido no reino de Judá. O nome Joel vem do hebraico *Yo-El*, que significa "Javé é Deus", uma inversão do nome Elias (ver nota 130). Bezerra de Menezes faz referência à passagem bíblica de JOEL (2:28), que prediz o derramamento do Espírito Santo: "E há de ser que, depois, derramarei o meu Espírito sobre toda a carne, e vossos filhos e vossas filhas profetizarão, os vossos velhos terão sonhos, os vossos jovens terão visões."

[309] No Cristianismo, o credo, a profissão de fé.

Advertidos, por esse modo, de que nem todos os Espíritos que se comunicam conosco são adstritos ao bem, cumpre-nos receber sua palavra, como recebemos os conselhos dos vivos: com o maior cuidado, aferindo-a pelo padrão dos princípios eternos. É isso o que fazem as associações espíritas e é por esse meio que têm elas organizado a nova doutrina, que vai conquistando a fé universal.

No símbolo do Espiritismo não entra tudo o que é revelado pelos Espíritos, senão o que suporte o confronto com o infalível critério.

Os médiuns são meros transmissores do ensino superior e facilmente se verifica isso, vendo-se que um homem ignorante de uma língua ou de uma ciência escreve como se as soubesse de cor.

São os instrumentos do diabo, diz você. É um ponto muito sério, para o qual o chamo, visto que fecho aqui o capítulo "Meios do ensino espírita".

Quem é o diabo?

A humanidade, em sua primitiva ignorância, atribuiu, por toda a parte, a poderes ocultos e divinais o bem e o mal que a afetavam. Vem daí, como se sabe, a crença, enraizada em todos os povos antigos, de um deus bom e de um deus mau. Essa oposição se compreende no politeísmo: o erro pelo erro.

Em nossa teogonia, também você o sabe, só houve sempre um Deus, o eterno Jeová, sendo o mal de pura criação humana.

Entretanto, os hebreus, eivados das falsas ideias dos caldeus[310] da Babilônia, durante o cativeiro que sofreram

---

[310] Povo de origem semítica que habitava a Caldeia, na baixa Mesopotâmia, ao sul da Babilônia, em terras próximas aos estuários

ali, compuseram o Talmude, onde pela primeira vez aparece a ideia do espírito do mal, encarnada nos anjos decaídos. Essa ideia ocupou lugar na nossa teogonia com o valor de dogma eterno. Foi a parte humana da revelação escrita que Jesus, certamente, não baniu, como baniu outras muitas práticas falsas, porque *não era oportuno*; porque era princípio tão encravado no espírito humano que preciso se tornara deixar fazer o seu tempo, para não se porem em risco as eternas verdades que Ele ensinou; porque só quando chegasse a oportunidade das verdades que Ele deixou de ensinar é que chegaria o tempo de banir-se tão absurda concepção.

Absurda e blasfema! Se Deus criou os anjos perfeitos, eles não podiam cair na imperfeição, sem destruírem o plano e o fim de sua criação. Conseguintemente, ou Deus não soube delinear o seu plano, ou o delineou convenientemente e não pôde mantê-lo. Mas isso é absurdo e blasfemo!

Os rebeldes, os que ousaram combater o poder do Senhor onipotente, apesar de lançados do Céu, continuam a luta com o Senhor. Este criou os homens para felicidade eterna e eles lhe burlam o plano segunda vez, arrastando a si o que Deus criou para si. Isto é simplesmente absurdo e blasfemo!

Deus, em vez de esmagar seu ousado inimigo, faz um movimento de flanco: vai arrancar-lhe a presa, fazendo encarnar no seio da humanidade seu dileto Filho. Mas, assim mesmo, o inimigo não se rende e vai roubando todo dia a

---

dos rios Tigre e Eufrates. Mais tarde, no século VIII a.C., governados por Merodaque-Baladã, apoderaram-se de toda a Babilônia. Em razão do domínio que exerceram naquela região, o gentílico "caldeu" acabou sendo usado para designar também os babilônios.

maior parte do rebanho remido pelo sangue do Filho de Deus. Isto é supinamente absurdo e blasfemo!

Afinal, vem o dia do tremendo juízo — *dies irae* —,[311] e então que fica? Ficam os dois reinos — o do bem e o do mal — por todos os séculos dos séculos; ficam Deus e Satanás, cada um sentado em seu trono! É o triunfo definitivo do mal, é o homem pagando as custas da querela entre Deus e os seus anjos rebeldes, é a injustiça a par da fraqueza de Deus! Isto só pode entrar no cérebro de quem julga lisonjear o Senhor emprestando-lhe as fraquezas humanas e dando a suas criaturas atributos divinos.

Inquestionavelmente, por esta teogonia, o mal acaba triunfante e os anjos rebeldes ficam, no reino do mal, tão onipotentes como Deus o é no reino do bem. Isto é que é legítimo politeísmo, e não o Espiritismo, como pensa você, por não o ter estudado.

Suponhamos, porém, que existe o diabo, ou a criatura atacando sempre o Criador e contrastando-lhe o poder. Vejamos a questão por novo lado.

Cá em nosso mundo sublunar, a imperfeita criatura humana vela por seus rebanhos onde quer que existam

---

[311] Expressão latina que consta da *Vulgata*, em SOFONIAS (1:15) no Velho Testamento: "Dies irae dies illa, dies tribulationis et angustiae, dies calamitatis et miseriae dies tenebrarum et caliginis, dies nebulae et turbinis." No texto atual bíblico, a expressão foi traduzida como "dia de indignação", no lugar de "dia de ira": "Aquele dia será um dia de indignação, dia de tribulação e de angústia, dia de alvoroço e de assolação, dia de trevas e de escuridão, dia de nuvens e de densas trevas" (SF 1:15). No século XIII, a expressão apareceu no hino sobre o juízo final atribuído ao monge italiano Tomás de Celano (c. 1200–1260): "Dies irae, dies illa / Solvet saeclum in favilla / Teste David cum Sibylla" (Dia de ira aquele / Dissolve-se o mundo em cinza quente, / Testemunha Davi com a sibila).

lobos, isto é, inimigo irresistível. Creio não precisar cansar-me com argumentos por provar que, segundo a nossa teogonia, o demônio é, para o homem, milhares de milhões de vezes mais irresistível do que o lobo é para a ovelha. Basta ver que Deus nos reduz a pó com uma faísca elétrica e que o demônio afronta impávido todos os raios do soberano Senhor.

Pois bem. O que o imperfeito faz a um animal, por sentimento de compaixão, o Perfeito não dispensa aos que chama de seus filhos! Em vez disso, entrega esses seus filhos à sanha dos lobos e ainda os castiga cruelmente por se deixarem bater!

É verdade que lhes deu a liberdade para resistirem, mas que é essa liberdade em relação ao poder e à inteligência do inimigo? É, sem tirar nem pôr, o direito que tem um homem desarmado de bater-se com outro, armado dos pés à cabeça. E Deus permite esse combate desigual e pune de morte (de morte eterna) o que Ele fez fraco e se bateu com o que Ele fez forte!

Quem não vê que tudo isso é humano, é o resíduo das impurezas que os tempos de ignorância atiraram à caldeira em que se fundia a lei revelada — a religião?

Suponhamos, finalmente, que há diabos e que, por isso, têm razão os que se receiam de suas artes e que por isso têm razão de suspeitarem, esses tais, que o Espiritismo seja obra dos diabos.

Suspeitar, ter dúvidas, sim, senhor, porque a dúvida é o princípio gerador da verdade. Mas os que atacam o Espiritismo sem o estudarem não fazem da dúvida meio de descobrirem a verdade. Não conhecem a doutrina ou a conhecem superficialmente, mas afirmam por isso mesmo que ela é obra de Satanás. E você, que admite o blasfemo politeísmo do reino de Deus e do reino de Satanás, com o triunfo definitivo do mal, diz que o Espiritismo, que só reconhece um poder soberano, é a consagração do politeísmo.

O Espiritismo é obra do demônio. Vejamos.

Jesus disse que pelo fruto se conhecerá a árvore, porque de árvore boa não pode provir fruto ruim, nem fruto bom de árvore ruim.[312] Pois bem. Sigamos o caminho que nos ensinou o divino Mestre para descobrirmos a verdade.

Se o Espiritismo é obra do demônio, não pode produzir frutos bons, isto é, sua doutrina será uma aglomeração de erros. O Espiritismo oferece três únicas faces, pelas quais pode ser estudado e condenado ou proclamado. É a face moral — é a face teológica — e é a face teogônica.

A moral espírita não inova, não altera nem a pontuação da moral de Jesus Cristo. Oferece-o por modelo ao mundo e prega o amor ao próximo e o amor de Deus, com João,[313] e a caridade, com Paulo.[314] Este fruto do

---

[312] Referência às passagens bíblicas de MATEUS, 7:17 a 20; 12:33 e LUCAS, 6:43.

[313] Referência aos versículos bíblicos da PRIMEIRA EPÍSTOLA DE JOÃO, que se concentram na mensagem *Deus é amor* (JOÃO, 4:7 a 21). Como ilustração, citamos os dois primeiros versículos: "Amados, amemo-nos uns aos outros; porque o amor é de Deus; e qualquer que ama é nascido de Deus e conhece a Deus; Aquele que não ama não conhece a Deus; porque Deus é amor."

[314] Referência a diversos versículos das epístolas de Paulo, no Novo Testamento. O autor faz aqui uma diferenciação entre *amor* e *caridade*, a qual decorre do amor e está "não só na beneficência, como também no conjunto de todas as qualidades do coração, na bondade e na benevolência para com o próximo", conforme se pode encontrar em *O evangelho segundo o espiritismo*, Allan Kardec, no item 7 do capítulo XV, com o título "Necessidade da caridade, segundo Paulo" (Rio de Janeiro: FEB, 131. ed., 2013, tradução Guillon Ribeiro).

Espiritismo é tão bom como o que Jesus deu a provar ao mundo. Logo, esta primeira face da nova doutrina não pode ser obra de Satanás.

A teodiceia espírita é, sem alteração, a da Igreja, firmada nas revelações abraâmica, mosaica e messiânica: "Tudo no universo procede de *uma única* vontade suprema. Tudo no universo é regulado por leis eternas, postas por aquela vontade. E ela exprime o Ser infinito, o Criador incriado, o Perfeito em todas as suas manifestações."[315]

Se há vício no Espiritismo, é o de não admitir por verdade qualquer princípio que possa ferir os divinos atributos. Mas isto não pode ser obra do demônio, porque este não se empenha em fazer realçar as supremas perfeições.

Por esta segunda parte, conseguintemente, o Espiritismo é, ou pode ser, tanto obra de Satanás, como a teodiceia ortodoxa.

Resta a terceira face: a teogônica, que efetivamente faz inovações nas crenças assentadas, mas não nos evangelhos segundo o espírito. Suas inovações, porém, são aferidas pelo infalível critério, e os princípios que elas deslocam são os que não suportam confronto com aquele critério. Isto já vimos em relação à questão da vida única e das penas eternas e veremos mais desenvolvidamente quando passarmos à apreciação dos princípios essenciais do Espiritismo.

Se, pois, esta doutrina, em duas de suas três partes, se conforma completamente com o que está recebido por

---

Mesmo assim é comum, em várias versões da *Bíblia*, se encontrar um termo pelo outro.

[315] Assertivas recorrentes em *O livro dos espíritos*. Entre outras, ver questões 13, 38, 45, 59, 78, 81, 117, 258a, 360, 536b, 558, 617, 1003.

sagrado e na última só altera o que ofende as virtudes do Altíssimo e substitui isso que altera por princípios que exaltam aquelas virtudes; ou, por outra, se seus frutos são bons, como dizer-se que procedem de ruim árvore, que são obra de Satanás?

"A unidade de nossa fé, pela qual somos obrigados a manter o que a Igreja reconhece por verdades, é muito superior à variedade da razão, que procura alterar o patrimônio daquelas verdades", diz você.

A fé também obrigava o sacerdote hebreu a manter em sua integridade a lei de Moisés, contra as inovações do Cristo.

E que é a fé? Será a faculdade que Deus nos deu para crermos no que não podemos compreender? Creio que sim, porque não compreendemos a Deus e, entretanto, cremos nele.

Mas a fé não nos pode ter sido dada para crermos *em tudo* o que não *compreendemos*. A fé certo se regula por leis eternas, para que aceite os mistérios que são verdades e repila os que são falsidades. Uma dessas leis, já o vimos, é o critério absoluto, que serve de pedra de toque para toda verdade e para todo erro. Nem Deus havia de permitir que fôssemos arrastados a crer em tudo o que se nos apresentasse com o véu de mistério.

Temos, pois, para a distinção, um meio, e esse meio, posto à nossa disposição, é infalível como obra de Deus, mas é limitado em sua aplicação, na razão do desenvolvimento humano.

Assim, só depois do ensino mosaico, que supõe um desenvolvimento humano superior ao do tempo de Abraão, foi que o homem, usando do infalível critério, na medida do seu esclarecimento, reconheceu o vício do que antes parecia virtude: ter um homem mais de uma mulher.

Assim também, pelo maior desenvolvimento humano, só foi depois do Cristo que o homem, usando do infalível critério, reconheceu os vícios da lei de Moisés.

Semelhantemente, só agora, depois de largo desenvolvimento humano, é que reconhecemos as impurezas que escaparam aos Espíritos mais atrasados.

A fé, portanto, não embaraça que se limpe a religião das impurezas humanas que a inquinam, e o meio de fazer-se esta operação é aplicar o critério infalível.

O Espiritismo fê-lo, como fez o Cristianismo, como fez o mosaísmo, e, assim como estes acharam o que depurar, o Espiritismo achou o princípio da vida única, com seus correlativos. Este princípio cai, portanto, diante da nova luz, como caiu o código draconiano do olho por olho, como caiu a liberdade de casar um homem com várias mulheres.

Deixemos, porém, isto e vamos ao último ponto que anunciei.

Princípios fundamentais do Espiritismo

Os princípios fundamentais do Espiritismo devem ser considerados em relação à gênese dos Espíritos, à sua evolução e ao seu destino. São três pontos que reclamam a maior atenção e que constituem o edifício da nova doutrina.

Estudemos a gênese.

Seria indigno da Onipotência e da Onisciência limitar a criação viva e, portanto, o movimento e a luz a um insignificantíssimo ponto do espaço ilimitado. O simples bom senso repele essa concepção e estabelece a oposta: a de haver luz e movimento e, conseguintemente, vida, por todo o infinito espaço. É a pluralidade de mundos habitados pela humanidade, que emerge desta última concepção, que exalta a Deus, tanto como a oposta o amesquinha.

O Espiritismo admite em sua teogonia este princípio e esse princípio não é diabolismo, porque é conforme com o critério absoluto da verdade.

Também ele consigna a lei da constante e eterna criação de mundos e a ciência confirma este postulado, demonstrando que as nebulosas cospem constantemente nos espaços núcleos de novos mundos. Cada um destes é mais uma habitação acrescentada à casa do Pai, a qual precisa alargar-se constantemente, porque acontece com a criação dos Espíritos o que se dá com a dos mundos.

Deus criou Espíritos de toda a eternidade e criá-los-á por toda a eternidade. Também isto não pode ser diabolismo, porque isto magnifica e engrandece o Senhor.

É verdade que você notará aqui divergências com a gênese bíblica, que dá o Senhor criando um único par humano, depois do que entrou em repouso. Que houvesse, não era razão para ser repelido, porque a criação única amesquinha, tanto quanto a múltipla e eterna exalta, e porque esse repouso de Deus, antes e depois da criação do mundo, é até blasfemo.

Não há, porém, divergência, e o repouso de Deus, depois da criação da Terra, tem a mais satisfatória explicação.

A gênese espírita compreende a criação universal, ao passo que a bíblica se refere à especial da Terra.

Deus criou sempre e criará sempre, como é de simples intuição e o afirma o Espiritismo, mas cria cada mundo num tempo, como é de razão, e o afirma a *Bíblia* com relação à Terra. A divergência fica assim explicada.

Quanto ao repouso, temos a mesma distinção.

Deus está em constante atividade, porque a falta desta seria a sua extinção, mas descansa a respeito de cada mundo que cria e a que põe leis eternas, que dispensam sua constante intervenção. O repouso é, portanto, relativo e não absoluto, como parecerá a quem ler o *Gênesis* e supuser que Deus só criou este mundo e esta gente que o habita.

Já vê que o Espiritismo, em vez de procurar comprometer, como faria um inimigo, explica o que parece comprometer, como faz um bom amigo.

Mas... continuemos. Os Espíritos são criados na mais perfeita identidade de condições. São criados em ignorância, mas com todos os meios precisos, também latentes, para conquistar a suma virtude humana.

Todos recebem, com as faculdades e meios de que falei acima, idênticos em todos, a liberdade, também idêntica, de pô-los em jogo para sua elevação. Isto não é diabolismo, porque essa igualdade perfeita, na distribuição dos seus dons por todos os filhos, exalta e engrandece o Pai.

E isto é a síntese da gênese espírita.

Passemos à evolução dos Espíritos.

Os Espíritos, criados em ignorância e inocência, começam a agir, a desenvolver suas faculdades intelectuais e afetivas, cada um como bem lhe parece, usando de sua liberdade. Daí resulta que, logo no primeiro páreo, uns empenharam toda a sua força naquele desenvolvimento, outros empregaram menos do que podiam, outros ainda menos e assim por diante, até os que não deram um passo no caminho do progresso.

No fim dessa primeira existência, o Juiz indefectível julga a todos segundo seu trabalho, não deixando falta impune, nem esforço sem animação.

Aqui não pode haver diabolismo, senão em não haver juízo definitivo e condenação ou glorificação eternas. Isto, porém, já mostrei que é dogma de caráter humano, que inquina a religião, comprometendo as perfeições infinitas do Altíssimo.

Os Espíritos que empregaram todo o esforço em vida sobem, por animação, alguns degraus na longa escada que leva à maior perfeição humana, em cada degrau da qual, à medida que se vai subindo, tem-se mais amor ao progresso, pelo saber e pelo bem, e recebe-se, na mesma relação, maior ou menor sopro da felicidade, cuja plenitude só se goza quando se chega ao último degrau.

Ao contrário do que fez o que podia, o Espírito que não usou de seus meios de progresso fica estacionário, até que faça jus a subir de grau, sofrendo no Espaço as penas de suas faltas. E sofre-se por séculos dos séculos, até que se converta, se arrependa e faça propósito de emendar-se. E sofre-as tão duras e aflitivas, como as que se descrevem no inferno, com a única diferença de que não matam, mas purificam, corrigindo, e de que cessam desde o momento em que o Espírito, sempre usando da sua liberdade, curva a cerviz à lei do progresso e do bem.

Tanto o bom, premiado, como o mau, castigado e arrependido, reencarnam para progredirem, pois que é impossível galgar o topo da escada em uma vida única.

Mas, então, vemos essa desigualdade que tanto nos impressiona: uma criança despontando na vida com tendência irresistível para o bem, ao passo que outra apresenta uma tendência igual para o mal; porque cada Espírito começa a nova existência no ponto em que concluiu a passada. E é por isso que vemos uns dotados de inteligência genial e outros estúpidos como pedras.

E é por aí que se explicam as vocações especiais e as ideias inatas.

Em a nova existência, o Espírito perde a lembrança do que foi, para poder usar plenamente de sua liberdade e fazer mérito e demérito. E, nela, cada um vem a expiar as faltas da passada e fazer provas de ter, pelo arrependimento que lhe suspendeu o castigo, abraçado sinceramente o princípio do bem.

A nossa missão, pois, reencarnando, é: lavarmo-nos das manchas passadas e adquirirmos maior desenvolvimento intelectual e moral, para subirmos.

Nossas provas na vida corpórea são variabilíssimas, mas sempre em relação com as passadas faltas. Fomos, por exemplo, senhor bárbaro e desumano, voltamos na condição de escravo, para sofrermos o que fizemos sofrer. E, se sofremos a dura prova com resignação, louvando a Deus e oferecendo-lhe nossas dores em desconto das nossas faltas, teremos satisfeito à difícil missão e subido algum ou alguns degraus da escada quando morrermos.

O que falha à sua missão, revoltando-se contra as provas, vai sofrer penas cruéis e tem de repetir a experiência em tantas existências quantas levar endurecido.

E assim, sofrendo depois de cada vida a pena das faltas que cometeu nela e voltando a nova encarnação para expiar aquelas faltas e progredir pela prática das virtudes opostas, sobe o Espírito, a um por um, todos os degraus da longa escada que leva à casa do Pai.

Alcançar esta casa é o destino humano. Mas não pode entrar aí, no palácio do Rei dos reis, na morada do Senhor de todas as perfeições, senão o Espírito completamente desmaterializado, o que tem adquirido o maior saber que é dado ao homem e a mais alta virtude de que é capaz a natureza humana.

Daí a necessidade de sofrermos com resignação, pelo amor de Deus, todas as provas de expiação que nos forem impostas em nossas existências.

Quem mais trabalha mais lucra. Quem mais depressa anda mais depressa chega. E o incentivo para trabalhar e para apressar-se é tal que arrebata.

O mais difícil é chegar-se a um ponto de progresso donde se pode compreender o glorioso e esplêndido destino que espera a humanidade. Glorioso e esplêndido, pois que o homem, desenvolvendo sempre as suas faculdades intelectuais, para o saber, e as afetivas, para a virtude, chega a uma transformação de sua natureza, não restando, deste que conhecemos na Terra, senão a forma e a essência espiritual.

Compreendido tão alto destino, não há mais quem fraqueie, pois que, à sublime visão, fazemos das fraquezas forças.

Em última análise, o destino humano é a perfeição: saber e virtudes, quais possuem os anjos. E a esse supremo grau de perfeição humana corresponde o mais elevado grau de felicidade, que nós da Terra mal podemos compreender. Sem esse grau de perfeição não podemos entrar na casa do Pai.

Diga-me você se a Igreja, com o seu inferno e a sua vida única, oferece mais incentivo para a alma desejar o bem e mais repressões para ela procurar afastar o mal.

A diferença que há entre a teogonia da Igreja e a do Espiritismo está unicamente nos princípios da vida única e das penas eternas, que, já vimos, atacam as perfeições do Criador.

Onde, pois, o diabolismo da teogonia espírita?

Ela só dá o prêmio a quem conquistar o saber e a virtude.

Ela faz consistir a virtude no exercício da moral de Jesus Cristo.

Ela não deixa a mínima falta humana sem punição.

Ela dá ao homem todo o poder para preparar seu destino.

Ela ressalva a responsabilidade do Criador em todas as vicissitudes da vida humana.

Ela consigna o auxílio de Deus em prol do nosso progresso, não por graças individuais, que seriam preferências e exclusões, mas pela revelação das verdades, verdadeiros faróis, que ensinam a todos o porto da salvação.

Ela, finalmente, coloca mais alto do que nunca jamais se cogitou o destino do homem.

Onde se encontra mais animação para o aperfeiçoamento da alma?

Se o inferno fosse uma verdade, quantos estariam lá, só pelo temor que ele inspira?

Com efeito, desde que nos dizem em nome do Senhor: pecaste mortalmente, morrerás *in aeternum*,[316] o que caiu em tais pecados desanima e diz consigo: já que estou condenado depois da morte, aproveito ao menos este resto de vida. E, em vez de procurar remir o pecado que o condena, em vez de se esforçar por melhorar, entrega-se de corpo e alma a todos os vícios que satisfazem à natureza material e carnal.

Sei que a Igreja oferece aos delinquentes uma escada para fugir ao incêndio: o arrependimento sincero durante a vida; mas quantos têm disposição de subir dos abismos em que caíram?

Não acontece o mesmo com o inferno espírita, inflexível quanto a não deixar impune a menor falta, mas com tantas portas de entrada como de saída.

Aqui, o homem que cai sabe que tem de sofrer duro castigo, mas não se desespera, porque também sabe que

---

[316] Expressão latina que significa "para sempre", "eternamente".

o castigo não é eterno, é a correção do mal que fez e cessa desde que esteja satisfeita a eterna Justiça e o pecador se arrependa. Aqui, todo tempo é tempo do ser perfectível se levantar e caminhar a seu destino.

Porque, do contrário, tendo depois da vida o encarceramento eterno, ele não é perfectível, salvo se sua perfectibilidade é a que desenvolve nesta única vida. Nesta hipótese, temos dois monstros: a perfectibilidade não é a mesma para todos, visto que uns chegam às alturas de Platão e outros ficam nas condições do hotentote — e pouco se exige no Céu para a sociedade de Deus.

Com efeito, se os nossos santos exprimem o maior saber, a corte do Céu não é mais brilhante do que têm sido algumas da Terra.

O Espiritismo considera o saber e a virtude da Terra um *bom princípio* para a conquista da acrisolada virtude e do sublimado saber, que dão títulos para a sociedade de Deus. O santo, na Terra, vai ser neófito em um mundo mais adiantado e o santo desse vai sê-lo igualmente em outro superior e assim numa escala infinita. Além disso, a Igreja, por amor da sua vida única, faz exclusivo cabedal, para a salvação, da santidade. Resulta daí que o virtuoso, embora supinamente ignorante, vai consignado ao Céu, à sociedade do Onisciente!

O Espiritismo ensina que só entra na casa do Pai o que adquirir a perfeição humana e que essa perfeição só a tem adquirido quem tiver chegado ao mais alto grau do saber e da virtude.

Ora, em todos estes pontos de teogonia, qual das duas eleva o Senhor, a da Igreja ou a espírita? Se a espírita é diabolismo, que será a ortodoxa? Será o caso de considerar-se inimigo o que mais se empenha em honrar e distinguir — e amigo o que abate e humilha!

E, pois, para concluir esta parte, farei as seguintes considerações: a moral espírita não é obra de Satanás, porque é a pura moral de Jesus Cristo. A teodiceia espírita não é obra de Satanás, porque é a pura teodiceia da Igreja. A teogonia espírita não é obra de Satanás, porque todos os seus princípios são aferidos pelo infalível padrão da verdade absoluta, porque dão honra e glória ao Criador.

Onde, pois, está a razão de se repelir esta doutrina, que é tão elevada e tão pura como a de Jesus, da qual se manifesta, com esmagadora evidência, a continuação, o complemento?

A razão está no mesmo engano cego que levou o sacerdócio hebreu a condenar a divina revelação que nos fez o Redentor, porque atacava os princípios tidos por verdades.

Hoje, esse sacerdócio conhece que, em boa-fé,[317] sustentou a mentira contra a verdade. Amanhã, a Igreja reconhecerá que combate a verdade por sustentar erros, que já fizeram o seu tempo.

Jesus, atendendo ao atraso do mundo, não proscreveu o inferno, como bem o compreendeu São Jerônimo. O inferno, porém, atento o progresso humano, por obra da divina luz emanada da Cruz, já fez seu tempo, já não é meio de repressão, já só serve de afastar da Igreja e da verdade todo o ser pensante que não está fanatizado. E, como já fez seu tempo, eis que baixa do Céu a revelação da doutrina verdadeira, que deve substituir os falsos princípios tolerados como verdades, para servirem de veículos às verdades.

---

[317] Expressão que deriva da latina *bona fide*. Apesar de os dicionários atuais só registrarem as variantes *à boa-fé e de boa-fé*, note-se que também foi de uso corrente no português as equivalentes *em boa-fé e com boa-fé*, todas significando "com sinceridade", "com franqueza", "com pureza de intenções".

Além de que as revelações progressivamente mais amplas se têm feito de dois em dois mil anos e já está decorrido quase esse tempo depois da de Jesus; além de que essas revelações têm descido quando a humanidade há realizado um bem acentuado progresso e ninguém pode negar que o tenha realizado de Jesus para cá; convém considerar que se sente, no seio do mundo terrestre, a efervescência de um vulcão moral, que pressagia sempre erupções religiosas.

O Sinai e o Calvário[318] simbolizam revoluções morais, no sentido de saciar a sede de luz que afligia a humanidade daqueles tempos.

No tempo de Moisés, o povo já não se continha diante do ensino abraâmico. No tempo de Jesus, já não se continha diante do ensino de Moisés. Hoje, não há negá-lo, a humanidade não se contém diante do ensino da Igreja, exclusivamente por causa de sua estreita teogonia.

Pois bem. A nova revelação não altera a moral da Igreja, que todo mundo acata, não altera a teodiceia da Igreja, que só meia dúzia de infelizes repele — e isso por causa da tal história do inferno e penas eternas —, mas altera exatamente o que à humanidade repugna — a teogonia — e, na teogonia, exatamente o que só o fanatismo abraçou: os dogmas da vida única com as penas eternas.

Agora que você já conhece as minhas ideias, vou dizer-lhe o meu credo.

Creio em Deus Pai, Todo-Poderoso, Criador do Céu e da Terra. Creio em Jesus Cristo, seu dileto Filho, Nosso Senhor e Redentor. Creio que a Igreja foi instituída por Ele para ensinar sua santa doutrina e que é assistida pelo

---

[318] Colina próxima a Jerusalém onde Jesus Cristo foi crucificado. Também chamada de Gólgota.

Espírito Santo nesse santíssimo mister. Creio na comunhão dos santos, na ressurreição da carne, na vida eterna.

Não creio na lenda dos anjos decaídos, porque crer nisso valeria por negar a onipotência e a onisciência do Senhor. Não creio que o mal possa triunfar do bem, eternizando-se, como este, no reino de Satanás. Não creio que um espírito criado pelo Senhor possa fazer-lhe frente, resistir-lhe e destruir-lhe os planos e nem que o Senhor permita isso, servindo-se do rebelde para castigar o rebelde, porque, nesse caso, Deus não criou o homem para o bem, para a felicidade. Não creio na vida única, porque o homem é perfectível. Não creio nas penas eternas, porque Deus é pai. Não creio na infalibilidade do papa, porque assim teríamos um Deus no Céu e outro na Terra.

E a comunicação dos santos significa, para mim, a comunicação dos Espíritos. E a ressurreição da carne significa a reencarnação dos Espíritos.

Eis o meu credo e digo-lhe: que tenho fé viva e esperança firme de subir com ele à sociedade de Deus na eternidade.

Pouco nos resta de vida, a mim e a você, pouco nos falta para nos encontrarmos onde, livres da obsessão da carne, possamos conhecer se tenho ou não razão.

Paz e amor em Jesus Cristo Nosso Senhor.

Rio, 31 de maio de 1886.

Seu irmão Adolfo.

Remissão a notas de termos e expressões recorrentes

Abraão – ver nota 25

Adão – ver nota 234

Anjos decaídos – ver nota 161

Babilônia (cativeiro da) – ver nota 163

Diligite inimicos vestros – ver nota 31

Druidas, Druidismo – ver nota 53

Entretanto que – ver nota 110

Espírito Santo – ver nota 172

Gênesis – ver nota 123

Hotentote – ver nota 298

Jeová – ver nota 44

João – ver nota 21

João Batista – ver nota 21

Letes – ver nota 69

Mistérios – ver nota 54

Moisés, mosaico, Mosaísmo – ver nota 39

Orígenes – ver nota 117

Paulo – ver nota 29

Pitágoras, pitagórico, pitagórica – ver nota 42

Platão, platônico – ver nota 43

Por outra – ver nota 35

Santo Agostinho – ver nota 50

Satanás – ver nota 131

Sinai – ver nota 142

Talmude – ver nota 161

Tártaro – ver nota 74

Teodiceia – ver nota 44

Teogonia, teogônico, teogônica – ver nota 40

NOTA EM *REFORMADOR*

CONFERÊNCIA[319]

Ante um auditório de cerca de duas mil pessoas, no salão da Guarda Velha,[320] ocupou a tribuna das conferências espíritas, na noite de 16 do mês último, o nosso distinto confrade, ilustrado e provecto médico, o Sr. Dr. A. Bezerra de Menezes. Seu grandioso trabalho, exposição minuciosa do profundo estudo que tem feito da matéria, e das lutas que se empenharam no seu íntimo, quando, à luz da razão esclarecida, se entregou ao estudo dos dogmas e preceitos da religião romana, em que foi educado, esteve acima de todo elogio, e impressionou profundamente o ânimo de seus ouvintes.

Foi belíssimo o estudo comparado por ele feito das teogonias mosaico-romana e espirítica; demonstrando ter sido aquela um fruto de interpretações humanas, em manifesta contradição, em muitos pontos, com a moral e a teodiceia cristãs; e que por sua grandeza, simplicidade e sublimidade é a teogonia espírita o digno coroamento, o complemento natural dessa moral e dessa teodiceia.

---

[319] Ano 4, nº 91, 1º de setembro de 1886, p. 1.
[320] No Rio de Janeiro, na rua da Guarda Velha, atual avenida 13 de Maio.

Seus numerosos ouvintes manifestaram-lhe sua satisfação e entusiasmo, acolhendo-o com uma salva de palmas, ao deixar ele a tribuna.

COSMOGONIA ESPÍRITA

Senhores,
Antes de dizer-vos ao que vim aqui, preciso explicar-vos minha presença aqui.

Será este o exórdio do meu discurso.

Venho de longes terras, senhores. Venho dos antípodas do Espiritismo. E parece-me que a narração do meu êxodo, em que talvez não faltasse a coluna de luz e de nuvens e certamente não faltou o providencial maná, não será de todo inútil para os que são tíbios na fé e para os que a repelem como obra de magia, de loucura e de diabolismo.

Nunca se perde em conhecer o modo prático e o processo íntimo pelos quais um homem — que não é de todo destituído de talento e de saber e que absolutamente não é leviano e precipitado — deixou a lei em que nasceu para adotar outra de cunho diferente.

Eu nasci no seio da Igreja romana e criei-me em sua lei.

Como acontece a todos, eu vivi tranquilo em minha fé: na fé que meus pais me deram, seguro de que ela concatenava

---

[321] Com publicação em *Reformador* de 15 de setembro, 1º de outubro, 15 de outubro e 1º de novembro de 1886 (ano 4, nº 92 a 95), com o título *Conferência feita pelo Ilmo. Sr. Dr. Bezerra de Menezes em 6 de agosto de 1886*.

todas as verdades divinas — seguro de que fora dela não podia haver senão o erro e a mentira.

Como acontece a todos, eu vivi nessa confiança, não porque tivesse passado minhas crenças pelo cadinho da observação e da experiência, ou mesmo pelo exame da razão e da consciência, senão unicamente pela impressão que deixou em minha alma o ensino paternal.

E é assim, senhores, que se acha constituído o mundo cristão chamado católico e que as religiões, pelas quais se divide a humanidade, fazem seu proselitismo.

O filho segue a religião do pai.

*
* *

Chegado que fui à idade em que o espírito, que é cultivado, procura a razão das coisas que o cercam e o impressionam — *o rerum cognoscere causas* —,[322] eu senti uma necessidade indeclinável de definir minhas crenças, que me tinham sido transmitidas por herança.

Parecia-me indigno de Deus e do homem sermos, como um rebanho, tocados por um caminho de que nem ao menos podíamos inquirir a razão da preferência.

E esta convicção mais se firmou em meu espírito, quando, pelo alargamento do círculo de meus estudos e conhecimentos, pude fazer a comparação racional e consciente com o irracional e o inconsciente.

---

[322] Expressão constante do verso 490 do livro II das *Geórgicas*, de Virgílio: "Felix qui potuit *rerum cognoscere causas*" (Feliz o que pôde *conhecer a causa das coisas*). Ver nota 73.

O animal propriamente dito foi dotado com todos os órgãos e todos os aparelhos necessários às funções da vida exclusivamente terrena.

O homem teve, também, todos esses órgãos e aparelhos; o que prova que entre ele e o animal, no que é desta vida, existe a mais perfeita relação natural.

O animal, porém, não dá mais que isso — e o homem demonstra muito mais.

Se, pois, sobressai em nosso ser alguma faculdade, que não foi dada ao resto dos seres animais, é isso prova evidente de que tal faculdade é destinada a um fim, que não é animal — que é exclusivamente humano.

O homem apresenta, acima dos animais, a razão, faculdade superior e distinta do instinto mais esclarecido dos irracionais — e tem a consciência de que nenhuma espécie animal oferece nem mesmo o mais ligeiro vestígio.

A razão é a luz que Deus nos deu para devassarmos os segredos da Criação.

A consciência é outra luz destinada a dar-nos a distinção do bem e do mal.

Uma ilumina o mundo intelectual. A outra ilumina o mundo moral.

Uma nos dá o saber — a ciência. A outra nos ensina o bem e nos guia à virtude.

A ciência e a virtude são, portanto, os fins imediatos a que o homem é destinado na Terra — e aí tendes, meus senhores, explicado o fato de não poderem os animais possuir razão e consciência, por não aspirarem nem à sabedoria, nem à virtude.

Se, pois, temos um fim especial, para cuja consecução nos foram dados meios especiais, com a liberdade ampla de usarmos deles como nos parecer; é óbvio que o Criador nos habilitou a encaminharmo-nos por nós mesmos — e não como um rebanho, pelo caminho que nos é imposto.

Isto valeria por ter-nos o Senhor dado olhos de ver, para tê-los fechados; ouvidos de ouvir, para tê-los cerrados!

A razão e a consciência são, pois, natural e logicamente os guias de nossa alma ao destino que lhe foi marcado na vida terrestre.

Nem pode ser de outro modo; porque, então, nosso merecimento consistiria no automatismo irracional — e Deus faria consistir sua maior satisfação em receber não os filhos que o procuraram, mas os que lhe foram empurrados!

Nem pode ser de outro modo; porque o real merecimento do homem está em fazer ele mesmo seu caminho — e a maior satisfação do Pai está em receber o filho que o procura por seu próprio impulso, descobrindo-o do meio das trevas e correndo por entre os espinhos.

É verdade que se alega, como prova de que os meios naturais não bastam ao homem, o fato de ser preciso baixar do Céu a revelação de verdades eternas.

Isto, porém, não prova que a revelação suprima a razão.

É um auxílio que o pai manda ao filho; não é — não pode ser — uma ordem para que este nada faça por si — para que quebre o instrumento de trabalho que aquele lhe deu.

A razão corrigida pela consciência e a consciência esclarecida pela razão são os instrumentos dados ao homem para fazer seu destino.

A revelação é um auxílio para que ele abrevie a carreira e chegue mais depressa; se, contudo, assim lhe aprouver; visto que é livre de aceitar ou de recusar o dom do Céu.

*
* *

Pensando assim, eu julguei-me na obrigação de fazer o exame da doutrina que me foi ensinada por minha santa mãe, para destarte dirigir-me conscientemente — e, portanto, com verdadeiro merecimento — ao porto da jornada humana, à eterna Sião.[323]

O primeiro ponto em que me esbarrei foi o apotegma que consagra o sobrenatural como base essencial da religião.

Se a religião, pensei eu, é a via que conduz o homem ao destino que lhe foi posto por Deus e, se para esse fim, Deus lhe deu a razão e a consciência; de duas, uma: ou a religião está ao alcance da razão, e nesse caso não assenta no sobrenatural, ou assenta no sobrenatural, e nesse caso fica sendo um traste inútil.

Uma hipótese repele a outra — e a Igreja romana sustenta a segunda e condena os racionalistas.

Proscrevendo a razão, em matéria religiosa, a Igreja proscreve também a liberdade e estabelece a fé passiva — a fé cega — o crê ou morre dos mulçumanos.

Foi esta a conclusão a que cheguei, no exame deste ponto — e, confesso, senti diante dela abalarem-se-me as crenças primitivas.

Desde logo, invadiu-me o espírito uma dúvida, que deve ter perturbado a paz de todos os católicos, por mais fervorosos que sejam:

Que certeza podemos ter de que a nossa religião é a verdadeira, desde que não podemos apreciá-la pela razão e pela consciência?

A fé cega — a fé passiva —, a tem, como nós, o mulçumano, o budista, o masdeísta, o bramanista e até o fetichista.

---

[323] Nome dado à fortaleza dos jebuseus, situada num monte próximo a Jerusalém e conquistada por Davi (II Samuel, 5:7). Em hebraico, *tzion*, que significa "cume".

Temos, pois, como estes, a mesma razão de crer, até sob o ponto de vista da revelação, pois que todos acreditam que são inspirados seus legisladores.

Entretanto, a verdade é uma única, e, portanto, só uma religião pode ser verdadeira.

Por que há de ser a nossa, e não a de Buda, a que se adorna da mais pura moral?

A Igreja apela para a fé, mas para a fé apelam todas as religiões.

Esta dúvida, que ninguém poderá qualificar de infundada, resolve-se forçosamente pela seguinte afirmação:

A fé passiva, baseada no sobrenatural, confunde o Cristianismo com todas as religiões, não dá ao cristão o meio de reconhecer sua superioridade, apaga a luz que Deus deu aos homens.

Só a razão — a razão universal, que é infalível — pode clarear os horizontes, destacar a religião verdadeira das falsas e dar ao cristão o meio de reconhecer que a sua sobreleva a todas.

Esse meio, eu pensei e vos digo agora, meus senhores, é a comparação dos dogmas de umas com as das outras — e de todas com o critério absoluto da verdade, que é formado pelos atributos do Altíssimo.

Não pode ser verdadeira aquela cujos dogmas ferirem as excelsas perfeições.

A verdadeira religião será aquela cujos dogmas se conformarem com aquelas perfeições.

E eis como e por que a razão é a base essencial da nossa religião.

*
* *

O segundo ponto, que me fez parar em meu exame, foi o que consagra o princípio de não haver salvação fora da Igreja.

"Deus é quem dá aos homens o ensino das verdades eternas — e só o dá pela Igreja."

Refleti — e não me conformei.

Se é a própria Igreja quem ensina que todos os homens são filhos de Deus, que não tem preferências em seu amor, nem parcialidades em sua justiça; como poderá ela explicar o fato autêntico de só ter sido aquele ensino concedido a um povo, a um filho, com exclusão de todos os outros?

E, se fora da Igreja não há salvação, como conciliarem-se o amor e a justiça do Pai com o fato de ter Ele criado homens, povos numerosos, que não podem conhecer a Igreja, nem ser por ela conhecidos — e, portanto, fora das irradiações da luz salvadora?

Os selvagens da América, antes da descoberta do Novo Mundo, foram criados para a eterna condenação?

Nos apologéticos mais autorizados descobri uma tentativa de conciliação entre o aforismo da Igreja e o fato de haver povos a quem não podiam chegar os ensinamentos da Igreja.

Santo Agostinho,[324] por exemplo, reconhecendo como aquele aforismo ofendia as infinitas perfeições, procurou salvá-lo do naufrágio, dizendo que o Senhor pôs no coração de todo homem o instinto do bem e que, por este instinto, todos têm em si o princípio da salvação, visto que serão tomadas as contas a cada um pelo que recebeu.

Não fiz cabedal dessa irreverência, com que se atribui à suma sabedoria um sistema tão imperfeito de julgar as obras humanas por balanças individuais.

---

[324] Ver nota 50.

Feriu-me, porém, a alma ver a Igreja dizer aos inocentes, por seus catecismos, uma coisa e aos sábios, por seus filósofos, coisa oposta!

Fora da igreja não há salvação; mas, fora da Igreja, o que seguir e desenvolver o instinto natural do bem poderá salvar-se, tão bem como o que tiver seguido o ensino da Igreja!

E não vai nesta confissão de Santo Agostinho a prova de que a razão e a consciência, que são o instinto natural, foram dadas ao homem como os meios essenciais de alcançarem seu destino?

Como, então, suprimi-los para substituí-los pela fé cega no sobrenatural?

Não foi somente essa falha que notei na defesa às doutrinas da Igreja feita pelo sábio apologista.

Se o instinto natural do bem dá para o homem salvar-se — e Deus é igual para todos os seus filhos —, ou não devia dar mais do que isto a nenhum, ou, se deu mais a um, devia dar a todos.

Como, então, perguntei eu, deu a uns o simples instinto e a outros a revelação ou ensino superior?

Procurei nos livros sagrados a explicação desse fato, que necessariamente devia ter uma, pois que Deus não pode praticar injustiças, e não descobri coisa que ressalvasse o Senhor.

À vista disso, concluí que havia deficiências na doutrina da Igreja.

Tal conclusão pedia melhores provas, para poder gerar em meu espírito uma convicção, tanto mais carecedora delas, quanto se tratava de religião, e da religião de meus pais.

Continuei, pois, em meu exame, passando em revista a moral, a teodiceia e a cosmogonia da Igreja.

*
* *

A moral cristã, ensinada pela Igreja, é a mais sublime que se possa imaginar.

Ela encerra em seus preceitos a prova mais cabal de que sua origem não é humana.

Este único preceito "ama a todos, até ao inimigo; faze bem a todos, até ao que te odeia" bastava, quando mesmo todos os outros não lhe fossem harmônicos, para convencer que não foi o homem quem confeccionou semelhante moral.

O homem, meus senhores, quer seja o mais sábio, quer seja o mais virtuoso da Terra, sempre tem os pés de barro da estátua de Nabucodonosor,[325] e jamais poderia arrancar de sua depravada natureza o que está em perfeito antagonismo com essa mesma natureza.

Só um ser que não tenha as fraquezas e paixões humanas pode ter sido autor de um preceito que as combate e as arranca pela raiz.

A teodiceia, também ensinada pela Igreja, tem o tipo das criações sobre-humanas, é o reflexo da majestade divina, que não pode senão assim manifestar-se ao homem, em lhe produzir a cegueira.

Não acontece, porém, o mesmo com a cosmogonia, em que se descobre logo o cunho das obras de humano engenho.

"Deus criou o mundo em seis dias."

Aí estão medidas as forças do Onipotente pelas fraquezas humanas.

Como o homem precisa de tempo para fazer qualquer obra, atribuiu-se a Deus, para fazer a sua, o tempo de seis dias.

---

[325] Nabucodonosor II (c. 605–562 a.C.), rei babilônio. A questão dos "pés de barro" se refere a um sonho enigmático que o perturbou e que foi interpretado por Daniel. Ver DANIEL, 2.

Se a nossa cosmogonia não fosse humana, ver-se-ia aí o *fiat*[326] fazendo surgir momentaneamente a esplendorosa obra, que, por muito favor, concederam ao Onipotente seis dias para concluir.

"Deus descansou ao sétimo dia."

Ainda se nota aqui a pura concepção humana.

Porque o homem não trabalha sem cansar-se e, cansado, precisa descansar; a cosmogonia atribuiu a Deus a mesma fraqueza.

Deus, meus senhores, é a vida infinita e a vida é o movimento e a ação.

De toda a eternidade e por toda a eternidade, o Criador esteve e estará em atividade, nessa sublime atividade, de que resulta uma criação constante e eterna.

"Deus criou o homem e só lhe deu uma companheira, porque ele lhe pediu."

Aí temos o imperfeito fazendo o perfeito corrigir, ou, pelo menos, alterar seu plano.

"Deus criou os anjos perfeitos, e o perfeito, segundo a onipotente volição, tornou-se imperfeito!"

"Deus castigou a rebeldia dos anjos que iludiram suas vistas — depois de os ter vencido em uma batalha, coisa inquestionavelmente mundana, e que traz ao pensamento a hipótese de poder os rebeldes vencer — repelindo-os apenas do Céu, mas deixando-lhes o saber e o poder quase divinos, que lhes tinha dado!"

"Deus não pôde, ou não quis, tornar impotente o príncipe do mal; tanto que aí está ele todos os dias roubando-lhe as almas, que criou para si, e, no fim do mundo, será o deus no Inferno, como Ele é o do Céu."

---

[326] Em latim, "faça-se".

"Deus eternizou, portanto, o mal, como eternizou o bem!"

Porém o que mais repugna, neste plano emprestado ao Senhor, é ter Ele entregado o homem ao anjo poderoso, dizendo-lhe: resiste, quando não, serás sua presa eterna!

Para atenuar essa verdadeira crueldade e desamor do Pai, os apologéticos socorrem-se a uma arguciosa evasiva, como a do instinto natural do bem.

Dizem que, embora a luta seja monstruosa pela desigualdade das forças dos dois contendores, Deus acode ao que lhe pede socorro de boa vontade.

A graça divina não é lei, é causa para certos casos! o que compromete seriamente a justiça eterna, como compromete a onisciência ou a onipotência, o fato de os anjos não saírem como Deus os quis e de, rebelados, afrontarem eternamente a Deus!

Quem não vê, neste conjunto de ideias, uma lenda imaginada pelo homem, em completo antagonismo com a razão e com as infinitas perfeições?

E, se a tudo isto ajuntarmos a pobreza do plano da evolução humana, em si mesmo inexplicável, teremos a firme e santa convicção de que a cosmogonia ensinada pela Igreja não tem a origem divina de sua moral e de sua teodiceia.

São três peças de um maquinismo que não se podem ajustar, porque foram vazadas em moldes diferentes e por diferentes maquinistas.

*
* *

Eu disse que o plano da evolução humana revela pobreza de engenho e é, em si mesmo, inexplicável.

Foi o que resultou do exame de que vos estou dando notícia — e de que vou exibir os fundamentos.

"O homem é criado para esta vida, neste único mundo; e, depois dela, é julgado definitivamente — e remetido para o Céu ou para o inferno."

Precisarei demonstrar que isto está abaixo da concepção humana — e tanto que é uma afronta à sabedoria divina atribuir-lho?[327]

Deus criou o Espaço infinito, que povoam os astros sem número, mas deixou tudo mergulhado no silêncio e nas sombras da morte — e concentrou toda a luz, todo o movimento, toda a vida, num dos mais insignificantes planetas do mais imperfeito sistema planetário!

Para o que criou os astros, se apenas de um precisava?

Não direi mais nenhuma palavra sobre a pobreza deste plano — e passarei a considerar o que ele tem de inexplicável.

"O homem é criado para um fim, pois que Deus nada faz sem alta razão de ser — e esse fim é necessário, deve ser satisfeito, porque a vontade do Eterno não pode ficar sem execução."

Pois bem. Não há dia em que não morra no ventre materno — logo depois de nascer ou antes de entrar no exercício de suas faculdades — um sem-número de criaturas humanas.

Estas não preenchem o fim posto à humanidade.

Logo, ou o plano não é perfeito, ou a vontade do Criador não é satisfeita.

Ou Deus não é onisciente, ou não é onipotente.

---

[327] *Lho* é forma contrata dos pronomes "lhe" e "o", que imprime neste período o seguinte sentido: "e tanto que é uma afronta à sabedoria divina atribuir a ela isto (tal plano da evolução humana)".

Eis ao que me conduziu o estudo da cosmogonia da Igreja.

"Ela ensina mais; que o Senhor nos dá a vida, para fazermos, nela, por nossa liberdade, mérito ou demérito; donde, depois dela, o prêmio ou o castigo eterno."

Pois bem. A existência do idiota que é criado por Deus, como o inteligente, desmorona todo este edifício.

O idiota não tem consciência, nem razão, nem liberdade, nem mesmo o instinto natural do bem. Logo, não pode fazer mérito, nem demérito.

O que veio, então, fazer na vida?

E o que há de ser dele depois da morte?

A cosmogonia da Igreja não pode conciliar este fato com a sua lei, e muito menos com o sumo critério da verdade.

"Ela ensina, por fim, que o Senhor dá prêmio ou castigo eternos, segundo fizemos boas ou más obras."

Quem não vê, por toda a parte e todos os dias, crianças que, antes de terem o uso da razão e da consciência, manifestam uma natureza boa ou ruim, uma inteligência lúcida ou quase impossível de receber cultivo?

Essas disposições não são obra de sua vontade, pois que se manifestam antes da consciência e da razão, e vêm tão encarnadas com o espírito, que muitas vezes a educação não pode modificá-las.

Essas disposições são, portanto, originais — são inatas.

Como, então, Deus há de punir aquele a quem deu índole má, porque fez o mal, e há de premiar o que tem índole boa, porque fez o bem?

Como há de Ele, que deu naturezas opostas, em relação ao bem, que deu inteligências opostas para o saber, que é alta condição de salvação, tomar a todos, indistintamente, contas iguais?

Acodem, ainda aqui, os apologéticos, sustentando que Deus não toma contas iguais, mas que as toma a cada um na medida do que lhe foi dado.

Não se vê que o verdadeiro plano deve ser dar o Pai a todos os filhos a mesma força, para exigir de todos o mesmo esforço, a mesma obra?

Não se vê nessa variadíssima disposição da força original uma imperfeição, que é crime de lesa-majestade divina atribuir-lhe?

Senhores, meu exame foi muito além, mas eu não preciso, nem poderei, dar-vos dele uma cópia completa; e por isso limito-me ao que vos tenho exposto perfunctoriamente.

*
* *

Desse exame — precisarei dizê-lo? — resultou-me a dúvida sobre as verdades religiosas — dúvida que, por um processo psicológico natural, embora ilógico, arrastou-me ao ceticismo.

Bossuet[328] atribui ao racionalismo as heresias contra a Igreja — e eu o reconheci por mim que não somente essas como até o mais lastimoso dos erros humanos, o materialismo, são a consequência necessária de se trancarem as arcas da religião ao exame dos racionalistas.

A fé cega é tão contrária à natureza do homem que o revolta.

Eu quis substituí-la pela fé esclarecida, e caí no estado de descrença.

---

[328] Jacques-Bénigne Bossuet (1627–1704), bispo e teólogo francês.

A razão foi, em primeiro lugar, o crê ou morres da Igreja, e foi, em segundo lugar, a falta de elementos corretivos de certos princípios humanos, que se inculcam como divinos.

O espírito esclarecido, não podendo aceitar o que se lhe dá por verdade e não tendo além o que seja mesmo verdade, para manter-se na fé, descamba para a incredulidade e cai muita vez no materialismo.

Eu cheguei a esse estado, mas aquela divina moral e a sublime teodiceia, que me encantaram, chamavam-me dos abismos para onde me atirou a cosmogonia romana.

Eu fiquei, senhores, na dolorosa posição de Jouffroy,[329] e podia repetir com ele: "eu era incrédulo e abominava a incredulidade".

Tanto é verdade que o crer é uma lei de nossa natureza, que a religiosidade é uma propensão invencível da humanidade e que a religião é, ao mesmo tempo, uma necessidade e um dever do homem.

*
* *

Talvez porque fui ter ao ceticismo procurando conscienciosamente e de boa vontade a pura verdade, o Pai do Céu usou para comigo de sua misericórdia.

No meio do mais descuidoso cortejo de venturas domésticas, fui rápida e inesperadamente ferido no que mais caro me era ao coração.

E como, no sábio dizer de Caussette,[330] raras vezes se é incrédulo chorando junto a um túmulo, a dor arrancou à

---

[329] Ver nota 212.
[330] Ver nota 169.

minha natureza um ato de fé espontâneo, contra a qual não há ceticismo possível: Meu Deus! Meu Deus!

Senti renascer em mim o desejo, a necessidade de crer.

Voltei aos livros sagrados e profanos que me pudessem ser fonte onde saciar a sede.

Lia-os com a sofreguidão de quem procura, para além desta vida, uma estrela — uma luz, uma esperança.

Foi na permanência desse sentimento que um amigo ofereceu-me *O livro dos espíritos*, de Allan Kardec.

Percorri as páginas dessa obra, que ensina uma nova cosmogonia, e conheci, pelo pórtico do majestoso edifício, a mão do Supremo Arquiteto, que traçou o da moral e o da teodiceia, que tanto me haviam arrebatado a alma.

Não é que eu encontrasse ali coisa diversa do que já tinha lido no Evangelho, em que se funda exclusivamente a nova doutrina, mas é que ela me deu luz para ver o que nunca pude ver.

A cosmogonia espírita deriva do Evangelho de Jesus Cristo, do mesmo modo como a cosmogonia da Igreja.

Como, então, perguntar-me-ão, tendo a mesma origem, divergem tanto, que, enquanto uma acende, a outra apaga a fé?

A resposta é simples. O Espiritismo apanha o espírito da doutrina de Jesus, enquanto a Igreja fica aferrada à letra do divino ensino.

O que é certo é que meu espírito ressurgiu das trevas do ceticismo, por obra daquela leitura.

*
* *

Agora sim!, exclamei possuído de indescritível satisfação. As três peças da máquina se ajustam perfeitamente, mostrando que tiveram o mesmo fabricante e que foram vazadas em moldes harmônicos!

Agora desaparecem todos os motivos de dúvidas, que me arrastaram ao ceticismo!

A cosmogonia espírita exalta o Criador e a criatura humana.

A um, porque lhe atribui uma obra excelsa, um plano impossível ao engenho humano.

À outra, porque lhe reconhece a autonomia, como deve ter o rei da Criação, a obra-prima do Criador.

O Senhor cria todos os espíritos em igualdade de condições: inocentes e ignorantes.

O Senhor marca a todos o mesmo destino: a perfeição pelo saber e pela virtude, à que se liga o inefável gozo da eterna felicidade.

O Senhor dá a todos, para subirem da inocência primitiva à suma virtude humana, e da ignorância inativa à suma sabedoria, exatamente os mesmos meios.

O Senhor dá a todos, para desenvolverem esses meios, a mesma liberdade, a ampla liberdade que os constitui senhores absolutos de seu destino.

Igualdade de condições em tudo e para todos.

Se uns se adiantam e outros ficam atrás, a culpa é só deles, do modo por que usam de sua liberdade.

Em respeito a esse inestimável dom, o Senhor não marcou prazo para a longa excursão. Cada um toma o que quer.

Como, porém, há tíbios e há transviados, o Pai dividiu o longo curso em estações, ou vidas corporais, depois das quais os castiga com penas corretivas, à semelhança do pai terrestre que pune os filhos pelos erros e faltas que cometem, para chamá-los ao bom caminho.

Essas penas servem de correção e de estímulo.

Pluralidade de existências, pelos infinitos mundos que enchem o Espaço, e penas temporárias corretivas, eis o fecho do sublime edifício cosmogônico espírita, onde o Criador se apresenta ao homem como o pai amoroso e justo, sem preferências, nem exceções.

E não há, nesse plano cosmogônico, tão superior ao engenho humano, quanto é o da moral e da teodiceia, coisa sobrenatural que nossa razão não possa abraçar.

Ao contrário, tudo nele é tão elevado e ao mesmo tempo tão simples, que não se sabe o que mais admirar: se sua grandeza majestosa, se o modo como se torna transparente à nossa razão.

Marchamos para o nosso destino — para esse que a razão nos diz ser o único compatível com a bondade e o amor do Pai do Céu — escolhendo o caminho, apressando ou demorando o passo, segundo nossa vontade, empregando sempre os meios que nos foram dados, com a mais perfeita liberdade.

Temos olhos de ver e ouvidos de ouvir, para nos guiarmos por eles, e não para tê-los cerrados e marcharmos, como um rebanho, por onde e para onde nos querem levar.

Chegamos ao Pai por nosso próprio esforço, e não por estranho impulso, o que lhe deve ser de sumo agrado.

Esta sublime doutrina tirou de cima de minha alma o pesadelo do sobrenatural e substituiu a fé passiva pela fé consciente.

Nenhuma religião tem este caráter superior — e, portanto, ele assinala a superioridade do Cristianismo espírita.

O blasfemo princípio de ser o ensino divino dado exclusivamente a um filho, com preterição dos outros, dissipa-se à luz da cosmogonia espírita, que ensina, de perfeito acordo com a razão, que a luz é dada aos que podem suportá-la, e na medida da sua capacidade para suportá-la; sem que fique um só dos espíritos criados privado dela.

Se numa existência uns tantos, por seu atraso, não poderão recebê-la; tê-la-ão em ulteriores.

Assim, o selvagem americano voltará à Terra em melhores condições de progresso; e então encarnará entre gente que lhe dê o ensino do Cristo.

Não há, pois, essa partilha desigual, do simples instinto do bem a uns e do amplo ensino do Céu a outros.

As fantasias da criação de um homem único e da criação dos anjos, com que se representa a Deus, imperfeito e fraco, são substituídas pela criação única de Espíritos que, em suas diversas fases, representam o que hoje se chama: o homem, o anjo e o demônio.

Anjo é o espírito humano purificado e elevado ao seu maior grau de perfeição.

Demônio é o mesmo espírito, enquanto se acha atrasado e afeiçoado ao mal.

A morte precoce das crianças deixa de ser uma falha no plano da Criação, ou uma volição frustrada do Criador, desde que o Espírito, perdendo, por obra de uma lei natural, o instrumento corpóreo destinado a seu progresso, não fica privado de tomar outro, para realizar esse progresso.

A condição do idiota, na Terra, fica perfeitamente explicada; desde que a vida aqui é de expiação. O idiotismo é um de seus modos.

As inclinações boas ou más e as inteligências lúcidas e rudes dão a medida do adiantamento ou do atraso dos Espíritos que se manifestam.

Os Espíritos surgem aqui no grau de progresso em que acabaram a última existência; salvo quando têm podido progredir no Espaço ou quando vêm cumprir sentença de expiação.

É assim que o idiota pode ter um Espírito que tenha sido um vulto de grandíssimo saber e que foi condenado a vir representar um papel ignominioso e humilhante.

*
* *

Em vista do que sucintamente vos tenho exposto sobre a impressão que produziu em minha alma o exame da cosmogonia da Igreja, e a leitura da cosmogonia espírita, parece-me dispensável dizer-vos que à dúvida, à descrença, ao ceticismo, substituiu a fé ardente; não essa que não sabe por que crê, puro fanatismo, mas a fé esclarecida pela perfeita compreensão do que fui, do que sou, do que hei de ser.

A cosmogonia espírita deu-me os elementos corretivos das falhas que notei na da Igreja, e, pois, minha fé, além de esclarecida e consciente, é completa.

Convencido da verdade espírita, que tenho sujeitado ao mais sério exame, e até à experiência, eu venho, em obediência ao preceito do Cristo, confessá-lo em público para que me possa Ele reconhecer em seu reino.

Confesso, pois, a fé cristã, segundo o Espiritismo, dando graças a Deus por ter abalado minhas entranhas, como Moisés[331] abalou a dura rocha, fazendo brotar dela a pura linfa de minhas crenças religiosas.

E acrescentarei que só pude compreender e admirar as excelsas belezas e as incomparáveis grandezas da doutrina do Cristo quando as estudei à luz do Espiritismo.

Aí tendes, meus senhores, a explicação da coragem de que dou prova afrontando o juízo dos que, sem estudo

---

[331] Ver nota 39.

sério de tão superior assunto, atribuem-se, entretanto, o direito de escarnecer dos que se deram a esse trabalho, qualificando-os de loucos ou possessos.

Agora reconhecereis que tive razão de dizer-vos que venho dos antípodas do Espiritismo e de minha exposição verificareis se houve no meu êxodo a coluna de luz e de nuvens e o maná do Céu.

*
* *

O exórdio foi além da medida que lhe é própria, em vosso prejuízo e dano de minhas forças. Peço-vos perdão desta falta.

Para não reincidir nela, seria preciso dar-vos um discurso proporcional, e a tal castigo não quero sujeitar-vos.

Ficai, pois, com o exórdio só, e eu dar-vos-ei o discurso noutra ocasião.

APONTAMENTOS BIBLIOGRÁFICOS

Adolfo Bezerra de Menezes

A Federação Espírita Brasileira entrega ao público novas edições dos romances — antes publicados em folhetins em *Reformador* — e dos estudos religiosos, científicos e filosóficos da autoria de Adolfo Bezerra de Menezes, quando ainda encarnado.

A *Coleção Bezerra de Menezes* prestará homenagem a esse importante vulto do Espiritismo brasileiro, que representou para os espíritas o verdadeiro paradigma de trabalho, caridade e tolerância.

A seguir, alguns dados biobibliográficos daquele que, pela projeção de seu trabalho, foi cognominado o *Kardec brasileiro, o médico dos pobres*, entre outros.

Adolfo Bezerra de Meneses[332] Cavalcanti nasceu em 29 de agosto de 1831, na fazenda Santa Bárbara, no lugar chamado Riacho das Pedras, município cearense de Riacho do Sangue, hoje Jaguaretama (CE).

Descendia Bezerra de Menezes de antiga família, das primeiras que vieram ao território cearense. Seu avô paterno, o coronel Antônio Bezerra de Souza e Meneses, tomou parte da Confederação do Equador e foi por essa razão condenado à morte, pena comutada em degredo perpétuo para o interior do Maranhão, que não foi cumprida porque o coronel faleceu a caminho do desterro, sendo seu corpo sepultado em Riacho do Sangue. Seus pais, Antônio Bezerra de Meneses, capitão das antigas milícias e tenente-coronel da Guarda

---

[332] N.E.: De início assinava Menezes com "s", mais tarde ortografava seu nome com "z". Ver *Grandes espíritas do Brasil*, Zêus Wantuil.

Nacional, desencarnou em Maranguape (CE), em 29 de setembro de 1851, de febre amarela; a mãe, Fabiana Cavalcanti de Alburquerque,[333] nascida em 29 de setembro de 1791, desencarnou em Fortaleza (CE), aos 90 anos, perfeitamente lúcida, em 5 de agosto de 1882.

Desde estudante, o itinerário de Bezerra de Menezes foi muito significativo. Em 1838, no interior do Ceará, conheceu as primeiras letras, em escola da Vila do Frade, estando à altura do saber de seu mestre em 10 meses.

Já na Serra dos Martins (RS), para onde se transferiu em 1842 com a família, por motivo de perseguições políticas, aprendeu latim em dois anos, a ponto de substituir o professor.

Em 1846, já em Fortaleza (CE), sob as vistas do irmão mais velho, Manoel Soares da Silva Bezerra, conceituado intelectual e líder católico, efetuou os estudos preparatórios, destacando-se entre os primeiros alunos do tradicional Liceu do Ceará.

Bezerra queria tornar-se médico, mas o pai, que enfrentava dificuldades financeiras, não podia custear-lhe os estudos. Em 1851, aos 19 anos, tomou ele a iniciativa de ir para o Rio de Janeiro, a então capital do Império, a fim de cursar Medicina, levando consigo a importância de 400 mil-réis, que os parentes lhe deram para ajudar na viagem.

No Rio de Janeiro, ingressou, em 1852, como praticante interno no Hospital da Santa Casa de Misericórdia.

Para poder estudar, dava aula de Filosofia e Matemática. Doutorou-se em 1856 pela Faculdade de Medicina do Rio de Janeiro.

Em março de 1857, solicitou sua admissão no Corpo de Saúde do Exército, sentando praça em 20 de fevereiro de 1858, como cirurgião-tenente.

Ainda em 1857, candidatou-se ao quadro dos membros titulares da Academia Imperial de Medicina, com a memória "Algumas considerações sobre o cancro, encarado pelo lado do seu tratamento",

---

[333] N.E.: Fabiana de Jesus Maria Bezerra de Meneses, nome de casada.

sendo empossado em sessão de 1º de junho. Nesse mesmo ano, passou a colaborar na *Revista da Sociedade Físico-Química*.

Em 6 de novembro de 1858, casou-se com Maria Cândida de Lacerda, que desencarnou no início de 1863, deixando-lhe um casal de filhos.

Em 1859, passou a atuar como redator dos *Anais Brasilienses de Medicina*, da Academia Imperial de Medicina, atividade que exerceu até 1861.

Em 21 de janeiro de 1865, casou-se, em segundas núpcias, com Cândida Augusta de Lacerda Machado, irmã materna de sua primeira esposa, com quem teve sete filhos.

Já em franca atividade médica, Bezerra de Menezes demonstrava o grande coração que iria semear — até o fim do século, sobretudo entre os menos favorecidos de fortuna — o carinho, a dedicação e o alto valor profissional.

Foi justamente o respeito e o reconhecimento de numerosos amigos que o levaram à política, que ele, em mensagem ao deputado Freitas Nobre, seu conterrâneo e admirador, definiu como "a ciência de criar o bem de todos".

Elegeu-se vereador para Câmara Municipal do Rio de Janeiro, em 1860, pelo Partido Liberal.

Quando tentaram impugnar sua candidatura, sob a alegação de ser médico militar, demitiu-se do Corpo de Saúde do Exército. Na Câmara Municipal, desenvolveu grande trabalho em favor do Município Neutro[334] e na defesa dos humildes e necessitados.

---

[334] Após a transferência da Corte portuguesa para a cidade do Rio de Janeiro, a autonomia político-administrativa que a província tanto reivindicava, conforme as demais, ficou prejudicada. No entanto, em 1834, a cidade seria transformada em Município Neutro, continuando como capital do Império, enquanto a província ganhava a requerida autonomia e passava a ter como capital a Vila Real da Praia Grande, que no ano seguinte viria a se chamar Niterói.

Foi reeleito com simpatia geral para o período de 1864 a 1868. Não se candidatou ao exercício de 1869 a 1872.

Em 1867, foi eleito deputado-geral (correspondente hoje a deputado federal) pelo Rio de Janeiro. Dissolvida a Câmara dos Deputados em 1868, com a subida dos conservadores ao poder, Bezerra de Menezes dirigiu suas atividades para outras realizações que beneficiassem a cidade.

Em 1873, após quatro anos afastados da política, retomou suas atividades, novamente como vereador.

Em 1878, com a volta dos liberais ao poder, foi novamente eleito à Câmara dos Deputados, representando o Rio de Janeiro, cargo que exerceu até 1885.

Neste período, criou a Companhia de Estrada de Ferro Macaé a Campos, que lhe proporcionou pequena fortuna, mas que, por sua vez, foi também o sorvedouro de seus bens, deixando-o completamente arruinado.

Em 1885, atingiu o fim de suas atividades políticas. Bezerra de Menezes atuou por trinta anos na vida parlamentar. Outra missão o aguardava, mais nobre ainda, aquela da qual o incumbira Ismael, não para coroá-lo de glórias, que perecem, mas para trazer sua mensagem à imortalidade.

O Espiritismo, qual novo maná celeste, já vinha atraindo multidões de crentes, a todos saciando na sua missão de Consolador. Logo que apareceu a primeira tradução brasileira de *O livro dos espíritos*, em 1875, foi oferecido a Bezerra de Menezes um exemplar pelo próprio tradutor, Joaquim Carlos Travassos, que se ocultou sob o pseudônimo Fortúnio.

Foram palavras do próprio Bezerra de Menezes, ao proceder à leitura de monumental obra:

> Lia, mas não encontrava nada que fosse novo para meu espírito, e entretanto tudo aquilo era novo para mim!
>
> [...]
>
> Eu já tinha lido ou ouvido tudo o que se achava em *O livro dos espíritos* [...].

Preocupei-me seriamente com este fato que me era maravilhoso e a mim mesmo dizia: parece que eu era espírita inconsciente, ou, como se diz vulgarmente, de nascença [...][335]

Contribuíram também, para torná-lo um adepto consciente, as extraordinárias curas que ele conseguiu, em 1882, do famoso médium receitista João Gonçalves do Nascimento.

Mais que um adepto, Bezerra de Menezes foi um defensor e um divulgador da Doutrina Espírita. Em 1883, recrudescia, de súbito, um movimento contrário ao Espiritismo, no mesmo ano em que Augusto Elias da Silva lançava *Reformador* — periódico mais antigo do Brasil em circulação e órgão oficial da Federação Espírita Brasileira. Elias, não raro, consultava Bezerra de Menezes sobre as melhores diretrizes a serem seguidas em defesa dos ideais espíritas. O venerável médico aconselhava-o, então, a contrapor ao ódio o amor e a agir com discrição, prudência e harmonia.

Bezerra não ficou, porém, no conselho teórico. Com as iniciais A. M., principiou a colaborar com *Reformador*, emitindo comentários judiciosos sobre o Catolicismo.

Fundada a Federação Espírita Brasileira, em 1884, Bezerra de Menezes não quis inscrever-se entre os fundadores, embora fosse amigo de todos os diretores e, sobremaneira, admirado por eles.

Embora sua participação tivesse sido marcante até então, somente em 16 de agosto de 1886, aos 55 anos, Bezerra de Menezes — perante grande público, cerca de duas mil pessoas, no salão de Conferência da Guarda Velha — justificou em longa alocução a sua opção definitiva de abraçar os princípios da consoladora Doutrina.

Daí por diante, Bezerra de Menezes foi o catalisador de todo o Movimento Espírita na Pátria do Cruzeiro, exatamente como preconizara Ismael. Com sua cultura privilegiada, aliada ao descortino de homem público e ao inexcedível amor ao próximo, conduziu o barco de nossa Doutrina por sobre as águas atribuladas pelo iluminismo fátuo, pelo cientificismo presunçoso, que pretendia deslustrar o grande significado da Codificação Kardequiana.

---

[335] N.E.: *Bezerra de Menezes*, ontem e hoje. Pt. 1, cap. 2.

Presidente da Federação Espírita Brasileira em 1889, foi reconduzido ao espinhoso cargo em 1895, quando mais se agigantava a maré da discórdia e das radicalizações no meio espírita, e nele permaneceu até 1900, quando desencarnou.

Bezerra de Menezes foi ainda membro da Sociedade de Geografia de Lisboa, da Seção Cirúrgica da Academia Nacional de Medicina, da Sociedade Auxiliadora da Indústria Nacional, da Sociedade Físico-Química, do Instituto Farmacêutico, do Conselho do Liceu de Artes e Ofícios, sócio e benfeitor da Sociedade Propagadora das Belas-Artes e presidente da Sociedade Beneficente Cearense.

Escreveu em jornais como *O Paiz* e *Sentinela da Liberdade* e para os *Anais Brasilienses de Medicina*, além de colaborar em *A Reforma*, na *Revista da Sociedade Físico-Química* e, sobretudo, em *Reformador*, valendo-se algumas vezes dos pseudônimos Max e Frei Gil.

O dicionarista J. F. Velho Sobrinho alinha extensa bibliografia de Bezerra de Menezes, relacionando para mais de quarenta obras escritas e publicadas. São teses, romances, biografias, artigos, estudos, relatórios etc.

Bezerra de Menezes desencarnou em 11 de abril de 1900, às 11h30, tendo ao lado a dedicada companheira de tantos anos, Cândida Augusta.

Morreu pobre, embora seu consultório estivesse cheio de uma clientela que nenhum médico queria; eram pessoas pobres, sem dinheiro para pagar consultas. Foi preciso constituir-se uma comissão para angariar donativos visando à manutenção da família; comissão essa presidida por Quintino Bocaiúva.

Por ocasião de sua morte, assim se pronunciou Léon Denis, um dos maiores discípulos de Kardec: "Quando tais homens deixam de existir, enluta-se não somente o Brasil, mas os espíritas de todo o mundo."

BIBLIOGRAFIA

Ordem cronológica crescente

OBRAS MÉDICAS[336]

MENEZES, Bezerra de. *Diagnóstico do cancro*: tese inaugural. Rio de Janeiro: Typ. de M. Barreto, 1856.

_____. Tratamento do cancro. *Annaes brasilienses de medicina*: Jornal da academia imperial de medicina do Rio de Janeiro, p. 181 e 198, [entre 1857 e 1858].

_____. *Das operações reclamadas pelo estreitamento da uretra*: tese para o concurso a uma cadeira de oppositor da Secção Cirurgica da Faculdade de Medicina. Rio de Janeiro: Typ. Nacional, 1858. 63 p.

_____. Curare. *Annaes brasilienses de medicina*: Jornal da academia imperial de medicina do Rio de Janeiro, p. 182, [entre 1859 e 1860].

_____. Parecer sobre a memória do Dr. Portela relativamente a contato e infecção. *Annaes Brasilienses de Medicina*: Jornal da Academia Imperial de Medicina do Rio de Janeiro, p. 238, [entre 1859 e 1860].

---

[336] Em 1857 passou a colaborar na *Revista da Sociedade Físico-Química*. E, de 1859 até meados de 1861, foi o redator do periódico: *Annaes Brasilienses de Medicina*: Jornal da Academia Imperial de Medicina do Rio de Janeiro.

_____. Tétano. *Annaes Brasilienses de Medicina*: Jornal da Academia Imperial de Medicina do Rio de Janeiro, p. 121 e 139, [entre 1859 e 1860].

_____. Accessos de hysteria dependendo d'um estado gastrico. *Annaes Brasilienses de Medicina*: Jornal da Academia Imperial de Medicina do Rio de Janeiro, p. 75, [entre 1860 e 1861].

_____. Erysipelas periodicas. *Annaes Brasilienses de Medicina*: Jornal da Academia Imperial de Medicina do Rio de Janeiro, p. 136 e 218, [entre 1860 e 1861].

_____. Grippe. *Annaes Brasilienses de Medicina*: Jornal da Academia Imperial de Medicina do Rio de Janeiro, p. 621, [entre 1860 e 1861].

_____. Lactucario e thridaceo. *Annaes Brasilienses de Medicina*: Jornal da Academia Imperial de Medicina do Rio de Janeiro, p. 34, [entre 1860 e 1861].

_____. Puncção da bexiga. *Annaes Brasilienses de Medicina*: Jornal da Academia Imperial de Medicina do Rio de Janeiro, p. 14, [entre 1860 e 1861].

OBRAS POLÍTICAS[337]

MENEZES, Bezerra de. *Câmara Municipal*: parecer que em sessão de 11 de março, leu o vereador Dr. Bezerra em resposta à portaria do Ministério do Império de 26 de fevereiro último. Rio de Janeiro: Typ. do Correio Mercantil, [1863?], 222 p.

_____. *A escravidão no Brasil e as medidas que convem tomar para extinguil-a sem damno para a Nação*. Rio de Janeiro: Typ. Progresso, 1869. 80 p.

---

[337] O volume 33 da série "Perfis parlamentares", publicada pela Câmara dos Deputados em 1986, apresenta a vida e a obra do parlamentar Bezerra de Menezes: MENEZES, Bezerra de. *Discursos parlamentares*. Seleção e introdução do deputado Freitas Nobre. Brasília: Câmara dos Deputados, Coordenação de Publicações, 1986. 414 p. ("Perfis parlamentares", v. 33). Entre 1869 e 1870, sob o pseudônimo Frei Gil, publicou artigos nos periódicos: *Sentinela da Liberdade* e *A Reforma*, defendendo ideais liberais.

_____. *Relatorio apresentado a Illma. Camara Municipal da Côrte*. Rio de Janeiro: Typ. Progresso, 1869.

_____. *Breves considerações sobre as sêccas do norte*. Rio de Janeiro: Typ. Guimarães & Irmãos, 1877. 44 p.[338]

_____. *A Camara Municipal da Corte a seus municipes*: explicação dos factos arguidos pelo Governo a proposito das contas de 1877 e 1878. Rio de Janeiro: Typ. do Cruzeiro, 1880. 28 p.

_____. *[Carta do Dr. Bezerra de Menezes aos dignos eleitores do 3º distrito da Corte]*. Rio de Janeiro: s.n., 1881. 3 p.

_____. *Relatório apresentado a Illma. Camara Municipal da Côrte*. Rio de Janeiro: Typ. do Cruzeiro, 1881.

_____. *Discurso pronunciado na sessão de 20 de abril de 1882*. Rio de Janeiro: Typ. Nacional, 1882. 54 p.

_____ et al. *Informações apresentadas pela Commissão Parlamentar de Inquerito ao Corpo Legislativo na terceira sessão da decima oitava legislatura*. Rio de Janeiro: Typ. Nacional, 1883. 512 p.

_____et al. *Relatório apresentado ao Corpo Legislativo pela Commissão Parlamentar de Inquérito [que instaurou inquérito sobre as condições do comércio, indústria fabril, serviço e tarifa das Alfândegas do Brasil]*. Rio de Janeiro: Typ. Nacional, 1885. 216 p.

OBRAS SOBRE ASSUNTOS DIVERSOS

MENEZES, Bezerra de. O MARQUÊZ DE VALENÇA: esboço biográfico. Rio de Janeiro: Typ. e Const. de J. Villeneuve & Comp., 1856. 46 p. [339]

---

[338] Outra edição: MENEZES, Bezerra de. *Breves considerações sobre as secas do Norte*. 2. ed. Natal: Fundação Guimarães Duque, 1986. p. 127-149. (Coleção Mossoroense, v. 242).

[339] Outra edição: MENEZES, Bezerra de. Marquez de Valença. In: SISSON, Sebastião Augusto. *Galeria dos Brazileiros Illustres*

_____. Bernardo de Souza Franco. In: SISSON, Sebastião Augusto. Galeria dos Brazileiros Illustres (Os Contenporaneos). Rio de Janeiro: Typ. Imp. e Const. de J. Villeneuve e Comp., 1859. v. 1, p. 13.[340]

_____. Cândido Batista de Oliveira. In: _____. p. 14.

_____. Conde de Irajá. In: _____. p. 12.

_____. D. Pedro II. In: _____. p. 21.

_____. Eusébio de Queiroz. In: _____. p. 2.

_____. José Bonifácio de Andrada e Silva. In: _____. p. 19.

_____. José Clemente Pereira. In: _____. p. 4.

_____. José Maria da Silva Paranhos. In: _____. p. 23.

_____. Marquez de Abrantes. In: _____. p. 11.

_____. Marquez de Olinda. In: _____. p. 7.

_____. Marquez de Monte Alegre. In: _____. p. 9.

_____. Visconde de Abaeté. In: _____. p. 6.

_____. Visconde de Caravellas. In: _____. p. 20.

_____. Visconde de Itaborahy. In: _____. p. 8.

_____. Visconde de Maranguape. In: _____. p. 16.

_____. Visconde de Sapucahy. In: _____. p. 17.

_____. Visconde de Uruguay. In: _____. p. 5.

_____ et al. *Discursos pronunciados [por Augusto Saturnino da Silva Diniz, Ruy Barbosa, Adolpho Bezerra de Menezes e Vicente de Souza] no saráo artististico-literario que a*

(Os Contenporaneos). Rio de Janeiro: Typ. Imp. e Const. de J. Villeneuve e Comp., 1859. v. 1, p. 15.

[340] Outras edições: SISSON, Sebastião Augusto. *Galeria dos Brasileiros Ilustres*: os contemporâneos. São Paulo: Martins, 1948. 2 v. SISSON, Sebastião Augusto. *Galeria dos Brasileiros Ilustres*. Brasília: Senado Federal, 1999. 2 v. (Coleção "Brasil 500 anos").

directoria e professores do Lyceo de Artes e Ofícios dedicaram ao Exmo. Sr. Conselheiro Rodolpho Epiphanio de Sousa Dantas em 23 de novembro de 1882. Rio de Janeiro: Typ. Hildebrandr, 1882. 58 p.

OBRAS ESPÍRITAS[341]

MENEZES, Bezerra de. *A casa assombrada*: romance espírita. Edição sob os auspícios da Federação Espírita Brasileira. Pelotas: Ed. Echenique Irmãos, 1902. 362 p. Publicado originalmente em *Reformador*, entre 1888 e 1891.[342]

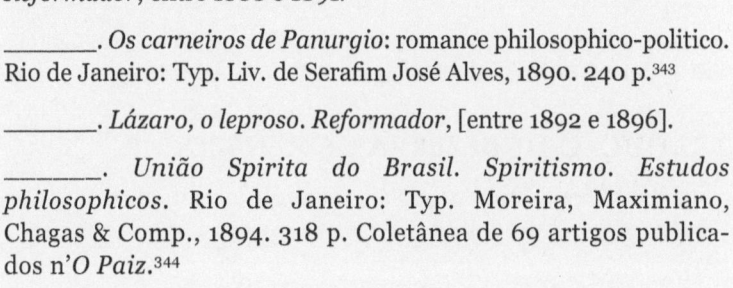

_____. *Os carneiros de Panurgio*: romance philosophico-politico. Rio de Janeiro: Typ. Liv. de Serafim José Alves, 1890. 240 p.[343]

_____. *Lázaro, o leproso*. *Reformador*, [entre 1892 e 1896].

_____. *União Spirita do Brasil. Spiritismo. Estudos philosophicos*. Rio de Janeiro: Typ. Moreira, Maximiano, Chagas & Comp., 1894. 318 p. Coletânea de 69 artigos publicados n'*O Paiz*.[344]

---

[341] A partir de 1887, usando o pseudônimo Max, Bezerra de Menezes passou a publicar artigos divulgando a Doutrina Espírita nos periódicos: *O Paiz* (entre 1887 a 1894), *Jornal do Brasil* (em 1895), *Gazeta de Notícias* (entre 1895 a 1897) e *Reformador*, órgão da Federação Espírita Brasileira.

[342] Outras edições: MENEZES, Bezerra de. *A casa assombrada*: romance espírita. 2. ed. Rio de Janeiro: FEB, 1948. 334 p. MENEZES, Bezerra de. *A casa assombrada*: romance espírita. 2. ed. São Paulo: Ed. Camille Flammarion, 2001. 247 p.

[343] Outra edição: MENEZES, Bezerra de. *Os carneiros de Panúrgio*: romance filosófico-político. 2. ed. São Paulo: Federação Espírita do Estado de São Paulo, 1983. 184 p.

[344] Outras edições, estas contendo 316 artigos: MENEZES, Bezerra de. *Espiritismo*: estudos philosophicos. 2. ed. Rio de Janeiro: FEB, 1907. 3 v. MENEZES, Bezerra de. *Espiritismo*: estudos filosóficos. 2. ed. São Paulo: Edicel, 1977. 2 v. Edição incompleta. MENEZES, Bezerra de. *Espiritismo*: estudos filosóficos. 4. ed. São Paulo: Fraternidade Assistencial Esperança (FAE), 2001. 3 v.

_____. *A história de um sonho*. São Paulo: Madras, 2003. 168 p. Publicado originalmente em *Reformador*, entre 1896 e 1897.

_____. *Casamento e mortalha*. *Reformador*, [entre 1898 e 1901]. Obra inacabada.

_____. *A pérola negra*. *Reformador*, [entre 1901 e 1905].

_____. *Evangelho do futuro*. *Reformador*, [entre 1905 e 1910].

_____. *Uma carta de Bezerra de Menezes*. 2. ed. Rio de Janeiro: FEB, [1953?]. 97 p. Publicado originalmente em *Reformador*, entre 1920 e 1921 com o título: *Valioso autógrafo*.[345]

_____. *A loucura sob novo prisma*: estudo psychic physiologico. Rio de Janeiro: Typ. Bohemia, 1920. 170 p.[346]

TRADUÇÃO DE BEZERRA DE MENEZES

Amigó y Pellicer, José D. *Roma e o evangelho*: estudos filosóficos-

---

[345] Em 1921 foi publicada pela Federação Espírita Brasileira com o título: *A Doutrina Espírita como filosofia teogônica*. Em 1977, foi publicada pela editora Edicel com o título: *A Doutrina Espírita*. Outras edições: MENEZES, Bezerra de. *Uma carta de Bezerra de Menezes*. 3. ed. Rio de Janeiro: FEB, 1963. 97 p. MENEZES, Bezerra de. *Uma carta de Bezerra de Menezes*. 4. ed. Rio de Janeiro: FEB, 1984. 100 p. MENEZES, Bezerra de. *Uma carta de Bezerra de Menezes*. 7. ed. Rio de Janeiro: FEB, 2006. 97 p.

[346] Outras edições: MENEZES, Bezerra de. *A loucura sob novo prisma*: estudo psíquico filosófico. 2. ed. Rio de Janeiro: FEB, 1946. 186 p. MENEZES, Bezerra de. *A loucura sob novo prisma*: estudo psíquico filosófico. 2. ed. São Paulo: Federação Espírita do Estado de São Paulo, 1982. 165 p. MENEZES, Bezerra de. *A loucura sob novo prisma*: estudo psíquico filosófico. 3. ed. Rio de Janeiro: FEB, 1963. 184 p. MENEZES, Bezerra de. *A loucura sob novo prisma*: estudo psíquico filosófico. 4. ed. Rio de Janeiro: FEB, 1983. 184 p. MENEZES, Bezerra de. *A loucura sob novo prisma*: estudo psíquico filosófico. 9. ed. Rio de Janeiro: FEB, 1996. 184 p. MENEZES, Bezerra de. *A loucura sob novo prisma*: estudo psíquico filosófico. 12. ed. Rio de Janeiro: FEB, 2005. 184 p.

-religiosos e teórico-práticos. Tradução de Bezerra de Menezes; capa de Cecconi. 7. ed. Rio de Janeiro: FEB, 1982. 346 p. Estudos feitos pelo círculo Cristiano Espiritista de Lérida. Primeira edição de 1899.

KARDEC, Allan. *Obras póstumas*. Tradução da 1. ed. francesa de 1890 por Bezerra de Menezes. Rio de Janeiro: Typ. Moreira Maximiano & Comp., 1892. 338 p.[347]

ROMANCES ESPÍRITAS INÉDITOS NO PRELO

Viagem através dos séculos ou fases da vida humana

Libânio, o louco

Os mortos que vivem

Segredos da natura

O banido

---

[347] Esta obra foi publicada sob o pseudônimo Max, quando Bezerra de Menezes era vice-presidente da Federação Espírita Brasileira. O primeiro fascículo foi publicado em janeiro de 1891, sob o patrocínio da União de Propaganda Espírita do Brasil. A primeira edição em livro é a de 1892. Outra edição: MENEZES, Bezerra de. *Obras póstumas*. Tradução de Bezerra de Menezes. 2. ed. em idioma português, revisada e em nova composição. Rio de Janeiro: Liv. Psychica, 1900. A FEB publicou esta tradução até 1925, quando adotou a tradução de Guillon Ribeiro.

O EVANGELHO NO LAR

Quando o ensinamento do Mestre vibra entre quatro paredes de um templo doméstico, os pequeninos sacrifícios tecem a felicidade comum.*

Quando entendemos a importância do estudo do Evangelho de Jesus, como diretriz ao aprimoramento moral, compreendemos que o primeiro local para esse estudo e vivência de seus ensinos é o próprio lar.

É no reduto doméstico, assim como fazia Jesus, no lar que o acolhia, a casa de Pedro, que as primeiras lições do Evangelho devem ser lidas, sentidas e vivenciadas.

O espírita compreende que sua missão no mundo principia no reduto doméstico, em sua casa, por meio do estudo do Evangelho de Jesus no Lar.

Então, como fazer?

Converse com todos que residem com você sobre a importância desse estudo, para que, em família, possam compreender melhor os ensinamentos cristãos, a partir de um momento de união fraterna, que se desenvolverá de maneira harmônica e respeitosa. Explique que as reflexões conjuntas acerca do Evangelho permitirão manter o ambiente da casa espiritualmente saneado, por meio de sentimentos e pensamentos elevados, favorecendo a presença e a influência de Mensageiros do Bem; explique, também, que esse momento facilitará, em sua residência, a recepção do amparo espiritual, já que auxilia na manutenção de elevado padrão vibratório no ambiente e em cada um que ali vive.

Convide sua família, quem mora com você, para participar. Se mora sozinho, defina para você esse momento precioso de estudo e reflexões. Lembre-se de que, espiritualmente, sempre estamos acompanhados.

Escolha, na semana, um dia e horário em que todos possam estar presentes.

O tempo médio para a realização do Evangelho no Lar costuma ser de trinta minutos.

As crianças são bem-vindas e, se houver visitantes em casa, eles também podem ser convidados a participar. Se não forem espíritas, apenas explique a eles a finalidade e importância daquele momento.

O seguinte roteiro pode ser utilizado como sugestão:

Preparação: leitura de mensagem breve, sem comentários;

Início: prece simples e espontânea;

Leitura: *O evangelho segundo o espiritismo* (um ou dois itens, por estudo, desde o prefácio);

Comentários: breves, com a participação dos presentes, evidenciando o ensino moral aplicado às situações do dia a dia;

Vibrações: pela fraternidade, paz e pelo equilíbrio entre os povos; pelos governantes; pela vivência do Evangelho de Jesus em todos os lares; pelo próprio lar...

Pedidos: por amigos, parentes, pessoas que estão necessitando de ajuda...

Encerramento: prece simples, sincera, agradecendo a Deus, a Jesus, aos amigos espirituais.

As seguintes obras podem ser utilizadas nesse momento tão especial:

O evangelho segundo o espiritismo, como obra básica;

Caminho, verdade e vida; Pão nosso; Vinha de luz; Fonte viva; Agenda cristã.

Esse momento no lar não se trata de reunião mediúnica e, portanto, qualquer ideia advinda pela via da intuição deve permanecer como comentário geral, a ser dito de maneira simples, no momento oportuno.

No estudo do Evangelho de Jesus no Lar, a fé e a perseverança são diretrizes ao aprimoramento moral de todos os envolvidos.

FEB editora
Livro espírita para um novo mundo
www.febeditora.com.br
@febeditoraoficial
@febeditora

Conselho Editorial:
Carlos Roberto Campetti
Cirne Ferreira de Araújo
Evandro Noleto Bezerra
Geraldo Campetti Sobrinho – Coord. Editorial
Jorge Godinho Barreto Nery – Presidente
Maria de Lourdes Pereira de Oliveira
Miriam Lúcia Herrera Masotti Dusi

Produção Editorial:
Elizabete de Jesus Moreira

Revisão:
Perla Serafim

Capa:
Rones José Silvano de Lima – instagram.com/bookebooks_designer

Projeto Gráfico:
Fatima Agra

Diagramação:
Agadyr Torres Pereira

Normalização Técnica:
Biblioteca de Obras Raras e Documentos Patrimoniais do Livro

Esta edição foi impressa no sistema de Impressão pequenas tiragens, em formato fechado de 140x210 mm e com mancha de 100x170 mm. Os papéis utilizados foram o Off white 80 g/m² para o miolo e o Cartão 250g/m² para a capa. O texto principal foi composto em fonte Georgia 11/14,7 e os títulos em Trajan Pro 14/15,3. Impresso no Brasil. *Presita en Brazilo.*

As crianças são bem-vindas e, se houver visitantes em casa, eles também podem ser convidados a participar. Se não forem espíritas, apenas explique a eles a finalidade e importância daquele momento.

O seguinte roteiro pode ser utilizado como sugestão:

Preparação: leitura de mensagem breve, sem comentários;

Início: prece simples e espontânea;

Leitura: *O evangelho segundo o espiritismo* (um ou dois itens, por estudo, desde o prefácio);

Comentários: breves, com a participação dos presentes, evidenciando o ensino moral aplicado às situações do dia a dia;

Vibrações: pela fraternidade, paz e pelo equilíbrio entre os povos; pelos governantes; pela vivência do Evangelho de Jesus em todos os lares; pelo próprio lar...

Pedidos: por amigos, parentes, pessoas que estão necessitando de ajuda...

Encerramento: prece simples, sincera, agradecendo a Deus, a Jesus, aos amigos espirituais.

As seguintes obras podem ser utilizadas nesse momento tão especial:

O evangelho segundo o espiritismo, como obra básica;

Caminho, verdade e vida; Pão nosso; Vinha de luz; Fonte viva; Agenda cristã.

Esse momento no lar não se trata de reunião mediúnica e, portanto, qualquer ideia advinda pela via da intuição deve permanecer como comentário geral, a ser dito de maneira simples, no momento oportuno.

No estudo do Evangelho de Jesus no Lar, a fé e a perseverança são diretrizes ao aprimoramento moral de todos os envolvidos.

FEB editora
Livro espírita para um novo mundo
www.febeditora.com.br
@febeditoraoficial
@febeditora

Conselho Editorial:
Carlos Roberto Campetti
Cirne Ferreira de Araújo
Evandro Noleto Bezerra
Geraldo Campetti Sobrinho – Coord. Editorial
Jorge Godinho Barreto Nery – Presidente
Maria de Lourdes Pereira de Oliveira
Miriam Lúcia Herrera Masotti Dusi

Produção Editorial:
Elizabete de Jesus Moreira

Revisão:
Perla Serafim

Capa:
Rones José Silvano de Lima – instagram.com/bookebooks_designer

Projeto Gráfico:
Fatima Agra

Diagramação:
Agadyr Torres Pereira

Normalização Técnica:
Biblioteca de Obras Raras e Documentos Patrimoniais do Livro

Esta edição foi impressa no sistema de Impressão pequenas tiragens, em formato fechado de 140x210 mm e com mancha de 100x170 mm. Os papéis utilizados foram o Off white 80 g/m² para o miolo e o Cartão 250g/m² para a capa. O texto principal foi composto em fonte Georgia 11/14,7 e os títulos em Trajan Pro 14/15,3. Impresso no Brasil. *Presita en Brazilo.*